北の星たち

新渡戸稲造、内村鑑三、有島武郎

芦原伸

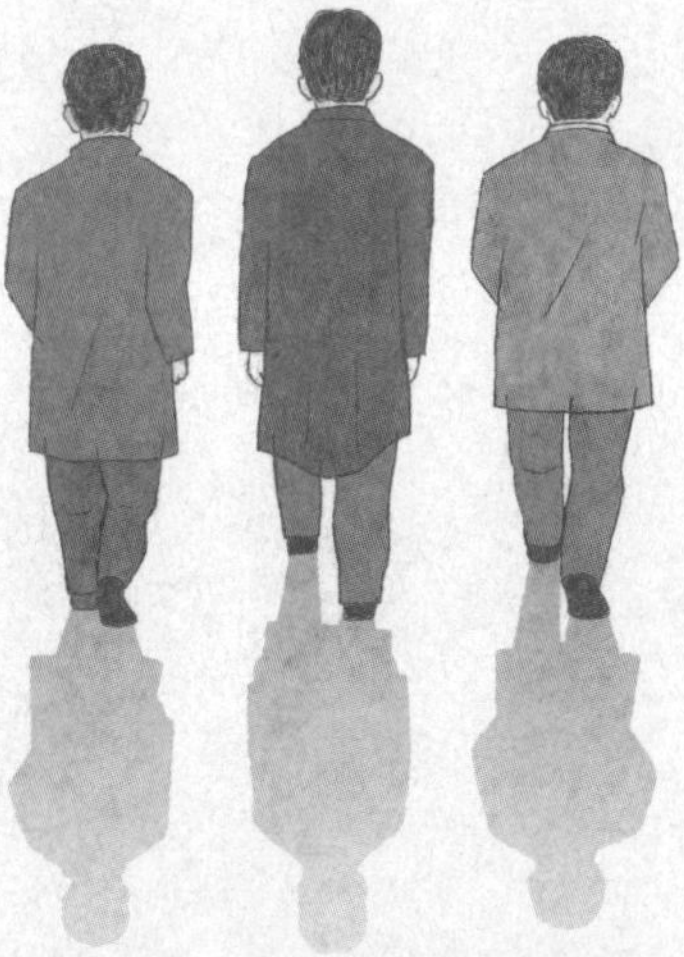

白水社

札幌時計台

農学校の演武場として明治11(1878)年に建造された。
新渡戸稲造や内村鑑三もこの演武場で卒業式を迎えた。(著者撮影)

軽井沢「浄月庵」
有島武郎は大正12（1923）年、別荘「浄月庵」で情死した。
今は「ライブラリーカフェ・一房の葡萄」として活用されている。（著者撮影）

石の教会　内村鑑三記念堂
内村鑑三は晩年、軽井沢星野温泉で夏を過ごした。無教会という内村の思想を
具現した「石の教会」は石と緑と光の静寂の中にある。（著者撮影）

北の星たち　新渡戸稲造、内村鑑三、有島武郎

装幀　口絵デザイン＝藤井紗和

（編集＝耕書堂）

目次

第一章　もうひとつの軽井沢物語

新渡戸通りという記憶

この年は梅雨がなかった。令和四（二〇二二）年六月のことである。気象庁は六月上旬に梅雨入り宣言を出していたが、いっこうに雨は降らず夏日が続いていた。三十五度ともなる猛暑日が続き、ひとたび雨が降ればゲリラ豪雨となった。地球温暖化といえばそうなのだろうが、日本列島はすっかり亜熱帯地帯となってしまったようだ。

軽井沢にいる。

爽やかな高原の風が流れていた。標高千メートルに近いここは東京とは気温が七、八度違う。落葉《から》松《まつ》、トチ、ナラなど木々は燃えるような新緑である。駅前から真っ直ぐ延びる本通りに沿って旧軽井沢地区へ向かう。モミジ並木が明るい緑に染まり目に鮮やかだ。高冷地のためか新緑の季節はまだ終わっていない。

軽井沢は明治時代、外国人の別荘地として発展した。万平ホテル、軽井沢ホテル、三笠ホテルなど国際級のホテルが誕生し、皇室や政財界など上流階級の人々が訪れ、一種の富裕層特別区のような避暑地となった。その異国的な情緒に憧れて、多くの文人たちが別荘をもって暮らすようになり、いわゆる〝軽井沢文学〟が誕生した。

新渡戸稲造、内村鑑三、有島武郎の三人の物語を書こうとしている。

いずれも明治、大正、昭和初期に活躍し、名をなした〝星たち〟だ。世界平和のために尽力した新渡戸稲造、キリスト教思想家の内村鑑三、小説家として一世を風靡した有島武郎、いずれも名は知られているが、その三人が軽井沢と結ばれていたことは意外に知られていない。三人とも札幌農学校の出身で、青春時代を札幌でおくったが、その三人がふたたび運命の糸に導かれるように晩年を軽井沢で過ごしていた。

本書は明治、大正という近代日本を駆け抜けた三人の夢や、あるいは無念を偲び、後世の私たちが彼らから何を学ぶべきか、を探ろうというものだ。読者をいきなり軽井沢に誘い入れたことにはそういう背景があった。

本通りを進むとほどなく東雲《しののめ》という交差点がある。その傍らに「新渡戸通り」という道標がある。小さなものだから普通の旅行者はまず気づかないだろう。

新渡戸通りに歩を踏み入れる。

落葉松がうっそうと立ち並び、高い梢《こずえ》は陽の光を遮り、道はその影の中に埋もれるようで薄暗い。両側は別荘地で、門からずっと離れて西洋風の木造キャビンが見え隠れする。避暑地・軽井沢の典型的な情景である。

新渡戸稲造の別荘跡はその一角にあった。

道の傍らに「新渡戸稲造別荘跡地記念碑」があり、碑文には、

——多忙を極めた新渡戸稲造が、避暑と心の安寧を求めて過ごした3階建ての洋風別荘がこの地にあり、前面の道路は「新渡戸通り」と呼ばれるようになりました。

とある。

白亜の三階建ての瀟洒《しょうしゃ》な邸宅だったらしい。

新渡戸がメアリー夫人と連れ立って軽井沢に来たのは明治三十八年のこと。当時は一帯が原野だったが、おそらく札幌の青春時代を思い出したのではなかったか、二人はすっかりこの地が気に入り、恩師のホワイト氏の別荘を買い取り、以来毎夏を軽井沢で過ごすことになる。

その後の大正六年、ここ三度山《さんどやま》の麓に新しい別荘を建てた。緩やかな丘を登ると、南口に玄関があり、二階から出入りするという斬新な設計だった。繁みの奥には別館もあり、ここで新渡戸は夫人、令嬢と夏を過ごした。別荘は落葉松の林に囲まれ、書斎には大きな石造りの暖炉、重厚な書棚を備えあたかも迎賓館を思わせた。大西洋単独飛行に成功したかのリンドバーグ夫妻などの国際人が新渡戸夫妻に招かれてここにしばし滞在している。

西洋館の別荘は軽井沢駅からまた当時の中心地だった六本辻からもランドマークとして認めることができ、それで新渡戸通りの名が誕生した。

別荘はすでになくかつての敷地は今、「リゾート&スパ」なる保養所となっていた。しかし、周辺の新渡戸が〝三度山の別荘〟と呼び親しんだ山裾の閑雅な情景は変わらない。

誰も来ない——。

静寂のなかにしばし佇んでいると、アナベルの咲く別荘の垣根から花の香が漂い、キビタキだろうか野鳥の声がした。

広大な中庭は苔で覆われ、敷地の脇には疏水のような流れがあり、番《つが》いの鴨が流れに逆らって移動していた。互いにつかず離れず、時折首を水中に突っ込んで獲物を探している。まるで新渡戸夫妻の化身でもあるかのようだ。

穏やかに時は流れ、百年前の記憶が自然に溶け込む風趣だった。

旧軽井沢銀座を歩く

東雲の交差点に戻り、本通りを進むとロータリーに出る。

そのまま真っ直ぐ進めば旧軽井沢の別荘地、右へゆけば「旧軽銀座」と呼ばれる商店街、左へ行けば旧街道（中山道）沿いに中軽井沢方面となる。

旧軽銀座を歩いてみよう。

かつては外国人別荘族のための買い出し商店街だったが、今はブティック、木彫店、宝石店、ファーストフード店、ギャラリー、パン屋などがひしめき観光客がゾロゾロ歩く。単なる買い物ならば東京の方がはるかに店は多いはずなのに、わざわざここまで新幹線に乗ってやってくるのだろうか、と首を傾げる。と思いつつも焼き物店を覗いてみると、和風の素焼き皿にセザンヌ風の少女がさりげなく描かれており、土の匂いを残しながら現代アート風に仕上げた品の良さに感心した。これが世にいう〝軽井沢ブランド〟なのだろう。

高度成長の時代に軽井沢はブームタウンとなり大衆化した。ペンションやプチホテルが建ち〝アンノン族〟と呼ばれた若い女性等が観光に押し寄せた。さらに新幹線が開通してショッピングプラザが誕生し街は大きく変わった。今は東京から日帰りでグルメとショッピングを楽しむ街となっている。

「土屋寫真店」という古風な看板に引かれて入ってみる。創業明治三十九年とあり、一歩入ると、古写真が棚一面に置かれていた。テニスラケットを手にした上皇后の美智子妃殿下時代の写真、来日したヒトラーユルゲントの少年たち、与謝野晶子の乗馬姿、噴煙たなびく浅間山と開拓村など写真を見ているだけで軽井沢の歴史が紐解かれる。

明治・大正期の旧軽銀座の写真を見ると、女性は島田髷で和服姿、子どもらは浴衣で坊主頭、ところが店の看板はBarbershop, Silkstore, Booksaleなどすべて横文字である。ここがもともと外国人別荘族のためのショッピングストリートだったことがよく分かる。当時の軽井沢がいかに日本離れしていたかを実感した。

店番の女性に話しかけると、主人の町田夏子さんと名のった。初老の商店街のおばさんという気さくな雰囲気の人だった。

「軽井沢は江戸時代には旅籠《はたご》（休み処）が二十六軒あったんですよ。うちももとは白木屋という旅籠でした。街道がさびれて明治時代になって先々代が写真館をはじめたんです。外人さんの記念写真を撮っていたのでしょう。ここにあるのは先々代が撮った写真がほとんどですよ」

中山道は東海道と並び江戸と京都を結ぶ大動脈だった。文字通り、山の中を往く道である。〝姫街道〟の異称もあり、かつて皇女和宮がこの街道を伝って江戸城の徳川家茂のもとへ輿入れした。板橋が一番宿、軽井沢が十八番宿だった。中山道の最大の難所は碓氷《うすい》峠だ。峠の標高は九百五十六メートル、上州と信州の境界で、分水嶺でもあった。江戸から京都方面をめざす旅人は上州側の坂本宿で前泊し、峠を越え、信州側の軽井沢、沓掛《くつかけ》、追分のいわゆる〝浅間三宿〟で疲れを癒やした。軽井沢はそうした旅人の行き交う街道の宿場だった。当時人口は三百人ほどだったという。現在の軽井沢町の人口は二万八千人。別荘は一万六千戸、観光客は年間八百二十万人が押し寄せる。

軽井沢銀座のはずれに「つるや旅館」がある。玄関先に置かれた行燈《あんどん》、厳めしい長屋門、目隠しの竹塀、館内の調度品に当時の街道宿の面影を残している。創業は江戸時代初期、当初は茶屋、旅籠として開業し、明治になって旅館に転じ、外国人たちを迎え入れるため内装に西洋風の趣向を取り入れた。大正から昭和初期にかけては芥川龍之介、谷崎潤一郎、室生犀星などの文人が長逗留して執筆に励んだ。堀辰雄の『美しい村』もこの宿を舞台に主人公の作家と別荘の少女との淡い交流を描いている。

軽井沢の父、A・C・ショーのこと

明治十九（一八八六）年の夏のこと、軽井沢に画期的な〝事件〟が起こった。カナダ人宣教師、アレキサンダー・クロフト・ショーの避暑生活である。ショーが家族とともに軽井沢で夏を過ごし、その素晴らしさを友人たちに伝えた。

外国人たちは東京の夏に耐えられなかった。世界にも稀な高温多湿の都市である。家中が黴臭くなり洗濯物は乾かない。じっとしていても汗ばんでくる。夕方になると蚊の襲撃があった。ベッドに夜毎蚊帳《かや》をかけるのも一苦労だった。

多くの外国人らは避暑地を求めた。軽井沢、日光、箱根がそうである。なかでも軽井沢は浅間山の麓に広がる雄大な高原で、その風景は彼らの故郷を思わせた。標高が高いためここには日本的なライステラス（棚田）はなく、針葉樹林や牧場、トウモロコシ畑など欧米的なスケールの大きい開拓風景が広がっていた。

ショーが軽井沢の夏の爽快さ、素晴らしい環境を在京の友人たちに伝えた。その宣伝効果があって続々と宣教師仲間が集まることになる。

つるや旅館の左手をそのまま先へ進むと、ショー記念礼拝堂がある。入口にショーの胸像があり、その奥に白い十字架を掲げたチャペルがある。銀座通りに分け入ったのは実はここが目的だった。軽井沢がキリスト教にゆかりの深い土地だったことを知るのには的確な場所だからだ。

新渡戸稲造、内村鑑三、有島武郎の三人に共通しているのがキリスト教だった。晩年軽井沢で三人が心安らいだのは、ここに教会がありピューリタンの風が吹く新開地だったからかもしれない。

アレキサンダー・クロフト・ショーは彼らより二十歳ほど年上の人だ。一八四六年、カナダ、トロントに生まれ、父親は軍人、祖先はスコットランドで名門の家だった。トロントのトリニティ・カレッジを卒業して聖公会の牧師となる（この時代、聖職者は貴族階級に属し、大学での宗教学専攻はエリートコースで階級出身者がほとんどだった）。明治六年、二十七歳の時、キリスト教が解禁となったばかりの日本に宣教師として派遣された。聖公会はイギリス国教会 Anglican Church を母体とする宗教団体で、日本では聖路加国際病院や立教大学で知られる。

ショー礼拝堂は軽井沢最古となる教会で明治二十八年に建てられた。聖公会らしく実に簡素な作りで、宗教画やキリスト像はなく、針葉樹の建材が剝き出しのままの室内には説教壇と長椅子が置かれるだけである。裏手にあるショーハウス記念館はもとのショーの別荘を公開しているもので、付近の大塚山にあった農家を移築改修したものだ。木造二階建て、外観は和風、内部は板張りで洋風。軽井沢の別荘第一号である。

かくしてショーは軽井沢の発見者といわれるが、実際はショーが最初の外国人だったわけではない。

ショーを軽井沢に案内した人物がいた。帝国大学文科大学（現・東大文学部）で英語教師をしていたジェイムズ・メイン・ディクソンで、ディクソンが軽井沢を気に入り、リウマチに悩んでいたショーを健康回復のために連れてきたようだ。明治十八年のことである。その時ショーは高原の風景が故郷のトロントと似ていることに感動し、清澄な空気に包まれて大いに散歩を楽しみ健康を取り戻した。翌年家族を軽井沢に連れてきたショーはここを〝屋根のない病院〟と呼び、友人たちに宣伝した。以来外国人に知られ、多くの仲間がここに集まり、ショーは「軽井沢開発の父」と呼ばれることになった。

ショーは福沢諭吉の子どもらの家庭教師として三年間務めており、その間日本の指導者たちと幅広くかかわり、尾崎行雄（政治家、元東京市市長）にも洗礼を施している。また英国大使館付き牧師の経験もあり、国際的な友人関係にも恵まれていた。そこで夏の軽井沢の名が広まることになる。

有島武郎終焉の地

ショー記念礼拝堂、ショーハウス記念館を見たのち旧軽銀座に戻り、ふたたびロータリーに出る。ロータリーから北へ真っすぐ延びる三笠通りをゆく。

三笠通りは落葉松が整然と続く並木道だ。別荘群は道から奥まっているのでほとんど見えない。通りの脇を精進場川《しょうじんば》が流れ、清々しい風が気持ちよい。店舗もなく人の流れも少なく散歩するには格好のところだ。

二人の若い女性がレンタサイクルを走らせてくる。並木道と相まって、まるで「旧軽」の絵葉書を見るような光景である。彼女らは互いにスマホで写真を撮りながら〝軽井沢劇場〟のヒロインのように華やいでいる。

ほどなく右手に華麗で重厚なゴシック建築のホテルが現れる。三笠ホテルだ。三笠ホテルは長らく軽井沢のシンボル的存在だった（今は軽井沢町に寄贈され、国の重要文化財となっているが、現在改装中で中には入れない）。

明治三十九（一九〇六）年開業。時の実業家、山本直良が道楽半分に建てたといわれるホテルで、庭園、テニスコート、プール、焼き窯などを配し、客室はわずかに三十室しかない。もとより採算は度外視だった。

渋沢栄一、團琢磨（三井財閥）、住友友純（住友財閥）、乃木希典、愛新覚羅溥儀といった著名人や政治家、富裕層らの社交場となり、〝軽井沢の鹿鳴館〟とも呼ばれた。

有島武郎もゆかりの一人だった。

武郎の妹、愛はオーナーだった山本直良に嫁いでいる。三笠ホテルの名の由来は、前方に見える愛《あた》宕《ご》山が奈良の三笠山に似ていることから、有島生馬（武郎の次弟）、里見弴（武郎の末弟）、山本直良の三人によって名付けられたという。ホテルは創業以来、有島家とは関係が深い。

前述した土屋写真店で入手した貴重な写真がある。

大正期に撮られた三笠ホテルの晩餐会の写真で、山本直良が招いたものと思われるが、そこには直良夫人（愛）、有島武郎、里見弴の三兄弟と近衛文麿夫妻、徳川義親、徳川慶久夫人、西尾忠方（子爵）など当時の貴族、実業家、政治家、その夫人らが洋食を前にワインを飲みながら歓談している。天井からはガス灯のシャンデリア、テーブルの上や正面にはモダンで大胆な生け花が飾られ、正装した男女（男性はスーツ、女性は和服）とともに高貴な雰囲気が漂い、まさに大正時代の富裕層のモダンな気風が漂っている。

軽井沢はそうした貴族、政界人、実業家たちの特別区として開放されていた。
有島武郎の別荘はこの三笠ホテルの敷地内にあった。
三笠通りのホテル手前に唐掘通りがあり、「有島武郎終焉地碑」という案内板が掲げられている。路上には季節を終えたツツジのピンクの花が一面にこぼれていた。こちらは新渡戸通りと趣は異なり、半分杣道《そまみち》という感じである。庭の芝生に置かれた無人のブランコ、「Protected by Dog」などと書かれた門を見ながら別荘地の脇道をゆくといよいよ急坂となり、足元にはどんぐりが散らばる。と、突然空間が開け、山裾を抉《えぐ》ったような空地に「有島武郎終焉地碑」の標柱が現れた。
有島武郎はこの軽井沢の別荘で大正十二（一九二三）年六月九日、女性記者の波多野秋子とともに情死した。
あっ！
訪れたこの日は令和四年六月九日、なんと九十九年後の同月同日に私ははからずもこの地に立っていたのだ。
一瞬、呼ばれたのか——と思った。
情死当日は大雨が降っていた。決行したのは未明のようだ。
巨大な自然石に「有島武郎終焉地」と大書された文字があり、
大正十二年六月九日早暁
浄月庵ニテ滅ス
武郎行年四十六才
波多野秋子三十才

昭和二十六年夏　有島生馬書

とある。側面にはやはり有島の札幌時代の友人・吹田順助（ドイツ文学者）の追悼詩「混沌の沸乱」の一部、

――大いなる可能性　エラン・ヴィタル［注＝生命の飛躍の意味］　社会の心臓
　さういふ君は　死んじゃった！
　運命の奴め　凄い事を　しやあがったな！

が彫られてある。

碑の傍らにはやはり大きな自然石の「チルダへの友情の碑」があった。チルダ・ヘックへ宛てた有島の手紙の一部が英文で刻まれている。チルダとは有島が欧州旅行した時に知り合ったスイス、シャフハウゼンのホテルの娘で、ふたりの間で長らく文通が続いていた。昭和十二年、チルダ本人がこの地を訪れた時、記念に建てたという慰霊碑だ。有島の死については後述したい。

ここでは今の軽井沢に三人が残した足跡を辿ってゆこう。

石の教会が語るもの

新幹線が通る前、信越本線の軽井沢の次の駅は沓掛《くつかけ》だった。浅間三宿の一つで、江戸時代はこの沓掛が三宿の中心だった。今はしなの電鉄の駅となり、中軽井沢と駅名が変わっている。この中軽井沢から草津温泉へと向かう国道一四六号線の途上に星野温泉がある。中軽井沢駅からは一キロほどの距離だ。今をときめくリゾートホテル「星のや」のあるところで、旧軽銀座を除いて軽井沢では一番の

ホットスポットとなっている。昔はひなびた一軒宿の鉱泉宿だったが、現代的なリゾートに生まれ変わって以来人影が絶えない。

その星野温泉の反対側の森の奥にホテル・プレストンコート軽井沢があり、その一角に「石の教会　内村鑑三記念館」がある。「神が創造した天然（自然）こそが祈りの場である」という無教会派の内村鑑三の言葉をイメージして実現したものだ。

深い森のなかに建てられた石とガラスだけのアーチ形の建造物は巨大なpupa（昆虫の蛹）のようでもあり、不思議な宇宙空間をも思わせる。オーガニック系のアメリカの建築家、ケンドリック・ケロッグの作で、若いカップルの結婚式場として人気が高い。

内村鑑三は晩年（大正十〈一九二一〉年から死去する昭和五〈一九三〇〉年までの十年間）を星野温泉の貸別荘で夏を過ごした。有島同様自然をこよなく愛した内村は静かで穏やかなこの星野エリアの環境が気に入っていた。懇意となった宿の主人（二代目星野嘉政）に当時流行りのT型フォードを運転させて、新渡戸の別荘をよく訪問したと伝わる。

内村鑑三といえばいわゆる「不敬事件」が浮かぶ。旧制第一高等中学校（一高の前身）の教師の時、天皇陛下の教育勅語に最敬礼をしなかったということで非難を浴びた。時は日清戦争の少し前で、国は天皇イズム一色に染まっていた。内村は教師を辞任したが、世間の圧力で馘首《かくしゅ》されたようなものだった。その後ジャーナリストとなり、開戦間近に迫った日露戦争の非戦論を説く。さらに足尾鉱毒事件に関して激しく政府に抗議した。

日本が天皇制を掲げて大陸進出を企て、欧米の列強と肩を並べて世界に躍り出んとする矢先のことだ。この時代にキリスト教徒として世界の平和を訴え、基本的な人権と民主主義国家の実現を唱えた勇気は記憶されるべきだろう。

内村は脆弱な宗教家ではなく、豪胆、闊達、精力家で、また極めて純粋無垢な人柄であり、全国のインテリ層や若者に人気があった。

石の教会は内村鑑三の魂が眠る霊場ともいえるかもしれない。

第二章　軽井沢夏期大学

市民に開かれた大学

「軽井沢夏期大学」をご存じだろうか？

毎年夏の軽井沢で開校される市民講座でその歴史は百年を遡る。大正七（一九一八）年創立。大学の総裁は後藤新平、学長は新渡戸稲造。時のスーパースターが立ち上げた市民大学である。

同年七月二十二日、軽井沢夏期大学（開設時の名称は軽井沢通俗夏期大学）の開校記念式典が行われた。壇上には両者と並び、大隈重信、加藤高明（のちの総理大臣、憲政会）、赤星典太（長野県知事）、伊藤長七（事務長幹事）、野澤源次郎（野澤組代表）らの顔があった。

三つ揃いの背広に身を固め、鼻下にちょび髭、あごに三角の髭を伸ばした後藤新平は開校に当たり、日本の国力向上のための学問普及の意義を熱弁した。「エキステンション」、「パブリック」、「セッツルメント」、という新しい概念の英語が続出した。

当時は大学（今でいう総合大学）といえば帝国大学しかなかった。

しかも帝国大学へ進学できる者といえば官僚や軍閥、一部の富裕層の子弟でしかなかった。

後藤は「学俗接近」を訴え、「通俗大学」を提唱した。日本の進むべき未来は一般大衆が培う民力にあり、民力こそ未来の日本を築く力だと力説した。通俗とは大衆のこと。〝象牙の塔〟といわれる学問のための学問という限られた専門領域ではなく、世のため、人のために通じる教養、役立つ実学、広く西洋の知識を大衆が学ぶ機会を創ろうという気概であった。今でいう「市民大学」の先駆けである。

「文明生活の理想は、学者と俗人の接近することにあり、その理想たる学俗接近の努力を為さんとするもの、即ち本会の目的なり」

と、後藤は聴衆に語りかけた。

「学」と「俗」は対立するものではなく合わさって創造を導くこと。そこには後藤の外務大臣として日本人の教養の底上げ、ひいては日本人の世界への躍進という思いが込められていた。

一方新渡戸稲造は遠くへ目をやるようにして静かな口調で夏期大学の必要性と公開講座に寄せる抱負を語った。この年の四月、新渡戸は東京女子大学の初代学長を引き受けたばかりだった。若き日は無産階級の子女への教育指導、さらには京大教授、東大教授となり、長らくは旧制第一高等学校の校長として任を全うした。日本の次世代を背負う若者たちの教育事業に打ち込んできた新渡戸にとって、この〝開かれた大学〟は自らの理論の実践舞台だった。教養は学内に留まらず一般大衆化してこそ価値がある、と論じてきた新渡戸にはこの夏期大学は一般市民が対象だったからことのほか意義を感じていた。

日清、日露の両大戦が終わり、世の中はふと平和の空気を取り戻し、自由主義の風潮が生まれかかっていた。新渡戸は「このときだ」と思ったに違いない。教育が人を変え、世界を変えるという信念をもつ新渡戸はこの夏期大学に期待した。このとき後藤新平は六十一歳、新渡戸稲造は五十六歳、二人はもはや熟年でありこれまでの活動実績の摘み取りの時期を迎えていた。夏期大学は二人の夢の実現だったといえる。

壇上には来賓、主催者が椅子に腰かけ横一線に並んでいた。そのなかで新渡戸夫人のメアリーはひとり新渡戸の後ろに腰かけており新渡戸の話に聞き入っていた。時折愉快そうに笑ったり、共感すると拍手を送った。

「当時の私には高い教養をもつ外国の婦人はこんなにも自由なものか、と感心してしまった」

最年少（十七歳）で受講した市川信次（のちの民俗学者）は当時の印象を語っている。

講堂は溢れんばかりで関係者百五十人、一般の受講生四百人くらいが詰めかけていた。遠く北海道、東北、九州、四国からも受講生は集まり、教職員が多かったが、一高生、東大生など学生の姿もあった。受講生のために信越本線の鉄道乗車割引証が発行された。これは当時鉄道院総裁を兼任していた後藤新平の粋なはからいだった。

講座は英語と文化講座、課外講座の三部制で、期間は七月二十三日から八月二十八日の約一か月間。英語は主に軽井沢在住の外国人が講師となり、文化講座は首都圏及び軽井沢に別荘をもつ文化人、作家、学者であった。第一回目は姉崎正治（東京帝国大学教授）の「宗教生活と社会問題」。堀江帰一（慶應義塾大学教授）の「吾国自今の経済政策」、友田鎮三（明治専門学校教授）の「最近科学の進歩」ほか六講座、新渡戸稲造は英語講座としてカーライルの『サーターレザータス（衣装哲学）』をテキストに十日間の連続講演をした。

講義の前に、

「英語は僕の専門でなく、文法は知らないし、発音も東北弁が入っておる」

と聴講生を笑わせた。

続く大正八年の第二回には当時の日本を代表する文化人を揃え、有島武郎「ホイットマン」、吉野作造「デモクラシー」、小山内薫「歌舞伎劇の本質」、有島生馬「来るべき芸術」ほか課外授業として大隈重信、加藤高明などの政界人が講義に参加した。

有島武郎は新渡戸に声をかけられ喜んで参加したことだろう。ホイットマンは渡米中、もっとも影響を受けた異色詩人で有島が得意にした連続講義だ。弟の有島生馬はおそらく武郎が声をかけたのだろう。生馬はイタリアから帰国後、二科会を結成し、洋画家として活躍していた。

ここに内村鑑三が加われば、札幌アンビシャスボーイズ・トリオの顔見世か、とも思われるのだが、残念ながら内村はこの時期東京YMCAの連続講座で多忙のようだった。

雲場原《くもばはら》というところ

夏期大学の講堂は当時「雲場原」と呼ばれた離《はなれ》山の南麓に開ける谷地にあった。落葉松林の中に建つ講堂は白亜の殿堂、まるでオペラハウスが突然現出したかのようなハイカラさと優雅さがあった。

今の軽井沢は高原リゾートという印象だが、当時の軽井沢、とくに南原地区（国道一八号線の南側）はもともと谷地、湿地帯だった。軽井沢という地名は〝軽石の沼沢〟がその由来といわれるくらいで、たびたびの浅間山の噴火により軽石が積み重なり、その上に土壌が形成されたいわゆる火山灰地だ。酸性土でしかも高地にありここでは稲や麦など穀物は育たない。

一面の湿地帯は手つかずで野草茫々たる荒れ地。夕方になると野火が揺れ、幽霊奇譚が語られたりした。そんな土地に西洋風の講堂を建て、土地建物を夏期大学に寄贈したのは創立記念会場で壇上に座った野澤源次郎だった。

野澤は土地一万坪、講堂、そして百二十人収容できる寄宿舎四棟ほか駐在警官棟、管理人室、賄《まかない》室の施設一式を寄贈した。野澤は「軽井沢が文化的な国際避暑地に開発されるように」と寄贈の趣旨を述べた。

軽井沢が高原リゾートとして発展した契機は明治四十三年八月の大洪水だったといわれる。このとき、浅間山山麓一帯は豪雨が九日間降り続け、土中の火山灰、火山礫を飲み込み、泥流が商店街、離山、三度山のすそ野をめぐり、あたり一面が泥の海となった。死者四人、流失家屋十九戸、浸水家屋三百七十戸に及んだ。ほとんどの家が泥水に埋もれたといっていい。

このとき、県が復興計画として「軽井沢を高原風の県立公園」に、という方針を出した。計画を実行するにあたり、東京帝国大学から本多静六博士が呼ばれ、設計図をつくったが、費用膨大のため計画は中座してしまった。

そこで登場したのが野澤源次郎だった。病弱だった源次郎は転地療法でたまたま軽井沢に来て、オゾンの多い空気と自然の豊かさに癒されていた。大正四（一九一五）年のこと、野澤は県の計画を知り、この地を保養別荘地として開発することを思い立った。雲場池周辺から離山、三度山にいたる平地、草原、二百万坪を取得し、土地分譲と別荘経営を計画。華族や外国人、富裕層に向けての別荘地つくりに邁進した。

野澤源次郎は江戸っ子で元治元（一八六四）年に江戸に生まれ慶應義塾を卒業した。父親は士族だったが、没落する時世にかまけず横浜に向かい生糸の貿易商となり野澤組を起こし成功した。源次郎は父親の野澤組を引き継ぎ、生糸取引で財をなし、実業の世界へ躍り出て、長日銀行の監査役などを兼務して大隈重信、桂太郎、加藤高明、後藤新平などの政界人とも親交を深めた。

当時、生糸は日本の輸出産業のトップ品目で、生糸貿易は国家財政を左右した。雨宮敬次郎、中居屋重兵衛、原善三郎、茂木惣兵衛など上州、信州、甲州など養蚕産地に生まれ育った若者が故郷に留まらず横浜へ出て、貿易商となり財をなした例は数多い。生糸の良し悪しの見分けがつき、カイコ育成に関しての知識があったからだろう。野澤もそうした実業家のひとりだった。

想像するに軽井沢に早くから別荘をもっていた後藤新平が洪水後の軽井沢復興、別荘地開発を野澤に提案したのではなかったか。後藤と野澤は台湾時代から接触があり、後藤が台湾総督府民政長官だったころ、台湾産ウーロン茶の輸出、台湾ヒノキなどの独占販売権の便宜を野澤に図っている。それ以来二人の関係は続いていた(新渡戸の別荘も野澤が提案して建てたものだろう。新渡戸も台湾時代、野澤と交流があったからだ)。

野澤はアメリカ帰りの橋口信助とパートナーシップを結んだ。「あめりか屋」を立ち上げた橋口は若いころにアメリカへ渡り、さまざまな職を経験しながら帰国。帰国する際に組み立て式のバンガロー住宅を持ち帰り、2×4(ツーバイフォー)のように規格材を用いる建築方法を研究し、洋風建築・販売事業に乗り出し、「あめりか屋」のブランド名で東京赤坂に外国人向けの貸家を建てたのがはじまりだった。大正四年、雑誌『住宅』を創刊し、出版を通じて洋風建築の啓蒙運動を行うという文化的センスも持ち合わせていた。

そういう意味で、夏期大学の講堂は野澤と橋口の軽井沢オープニングセレモニーでもあった。別荘地と建物は切っても切れない関係である。自然豊かな環境と洒落た西洋風の建築が揃い踏みして軽井沢の別荘文化は生まれた。〝あめりか屋式別荘〟と称した橋口別荘の第一号は近衛文麿邸で以後、徳川邸、細川邸、大隈邸、加藤邸、芳賀邸、根津邸など格調とモダン感覚が融合する別荘群が次々に建てられた。こうして歴史ある優雅な別荘文化がこの地に根づいたのである。

高揚する大正デモクラシー

軽井沢夏期大学が開講した大正七（一九一八）年とは一体どんな時代だったのだろう。

江戸時代の軽井沢は前述したが中山道の碓氷峠下の小さな宿場に過ぎなかった。しかし明治十七（一八八四）年、碓氷新道（今の国道一八号線）が完成すると中山道のルートは大幅に短縮され軽井沢宿を通らずとも沓掛宿（今の中軽井沢）、追分宿へと直行した。明治二十一年、切望された信越線が碓氷新道に沿って開通。同二十六年にはアプト式鉄道が採用され、それまで碓氷峠は鉄道馬車で越えねばならなかったが、ここで一本の鉄路でつながったのである。

東京・上野から軽井沢は明治中期には八時間要したが、大正六年には飛躍的にアクセスは改善され、所要五時間となった。夏期に別荘へと向かうのには手ごろな距離となったわけだ。

一方、大正七年は「大正デモクラシー」の高揚期であった。戦争と戦争の合間にふと緊張の糸が緩み、自由な気風が湧きあがった。それまでの薩長軍閥による軍国主義一辺倒の重苦しい政治が雪解けし、この年平民宰相・原敬による政友会内閣がはじめて成立した。政党による議会政治がはじまり、民権運動に弾みがつき社会風潮にほのかな陽が差し込んだ。普通選挙を求める声があがり、言論、集会、結社の自由が叫ばれ、男女平等、部落差別解放運動が展開された。有島武郎の小説『或る女』はこの時代に生きた自由奔放な女性像を描いたものだ。東京の銀座ではモガ、モボと呼ばれる若い男女がカフェやダンスホールで寸時の平和を満喫した。

軽井沢夏期大学はそうした大正デモクラシーの世の風の象徴だったかもしれない。

日本にも夏期リゾートの可能性を探っていた。軽井沢の町づくり、リゾート開発は後藤のアイデアだったかもしれない。

日本の近代をけん引した後藤新平

後藤はのちに関東大震災の折の東京復興計画の中心人物となる。後藤は西洋文化を熟知しており、

後藤新平は安政四（一八五七）年、水沢の武家に生を受け、維新のなかで医学をめざし、須賀川医学校を卒業。医者となって中央をめざし内務省衛生局に職を得て衛生官僚となる。さらに政治の中枢に立つことを志し、台湾の総督府民政長官、満鉄（南満州鉄道）の総裁を経て政界へと躍り出た。夏期大学が創立された時、後藤は外務大臣兼鉄道院総裁、男爵の身であった。小藩の滅びゆく武士階級から這い上がり、薩長という堅牢な藩閥人事のなかに切り込み、見事政界の頂点へと登り詰めた。後藤の生き方を見ると、まるで近代日本を血まみれになって走り続けた男の執念が浮かび上がる。

医療（当時コレラ、結核など国民病が蔓延していた）、植民地経営（台湾、満州）、鉄道（満鉄）、大学教育、都市計画（関東大震災）、放送、ロシアとの国交回復など後藤のなした多くのことは日本の近代化の道筋である。このとき、夏期大学という限定された教育の場でありながらも社会人に知識と情報の必要性を、と力説する後藤には未来の日本人像が見えていたに違いない。

後藤は日清戦争で日本が得た台湾の総督府民政長官を任された時、当時アメリカで療養していた新渡戸を台湾へ呼んでいる。同じ東北出身、賊藩の武士階級だったから新渡戸に親近感を抱いていたの

だろう。後藤は新渡戸を台湾の臨時糖務局長に迎え、製糖業の改革にその力を発揮させた。まもなく台湾製糖株式会社が台湾初の製糖会社として立ち上がり、製糖は産業として成長した。新渡戸は後藤の期待通りの実績を残したのだ。二人にはサムライ同志の気概が通じていた。

森陰に在りし日をしのぶ

八月上旬のある日、雲場原へ行った。

「夏本番がやってくると夏期大学がはじまる」といわれたごとく、蒼空に入道雲が立ち昇り、やはり高原の風は爽やかだ。いかにも国際避暑地らしく日傘をさし子犬を散歩させる外国人女性の姿が印象的だった。

雲場原とは軽井沢と中軽井沢を結ぶ一帯の旧地名である。北陸新幹線に並行する旧一八号線沿いには軽井沢町役場や中学や高校、巨大スーパーやガソリンスタンドなどがあり、都会並みに開けているが、北陸新幹線を越え、一歩南へ下ると、落葉松やアカエゾマツの針葉樹林に囲まれて会社の寮や大学施設などが点在し、今も静かな森が広がる。

日本大学軽井沢研修所はそうした針葉樹林に囲まれた静かな敷地の中に立ち、その入口には研修所建設記念碑が立っていた。

碑文には、

――この地は大正七年、当時外務大臣であった後藤新平伯の発議により、わが国において初めて夏期大学が開講された所で、わが大学は松岡康毅学長時代からこれに参画し、高原の自然を背景とする新たな研修様式として広く世の視聴を集めた。すなわちわが国における夏期大学発祥の地である。

とある。

夏期大学の講堂、施設は昭和九（一九三四）年、日本大学に委譲され、以来各種研修の場として活用されてきたのである。

今はかのオペラハウスのような講堂、西洋風の寄宿舎などはすでになく、シンプルな鉄筋の建物と化しているが、周囲の雰囲気は当時とさほど変わっていない。学業を営むにふさわしい静寂さと樹間にそよぐ緑の涼風が爽やかだ。

夏期大学は第二次世界大戦を挟み中断をやむなくされた。

昭和七年、第十五回には講師陣に東条英機の名がある。このとき、東条は陸軍省参謀本部の課長時代であったろう。このあたりから軍部が教育にも介入し軍事色が日本全土に強まった。

この年の三月、満州国が建国。五月には青年将校による五・一五事件が起こり、犬養毅首相が暗殺された。翌年日本は国際連盟を脱退、以後日本は大陸へと侵略の手を伸ばし戦雲が暗く満州の地を覆うようになる。

夏期大学は昭和八年（第十六回）を最後に閉校となった。

知の最先端をゆく自由大学

戦後昭和二十四（一九四九）年、夏期大学は再開した。

再開には市村今朝蔵（早大教授）によるところが大きい。市村は南原の別荘地に住んでおり、武田次雄（軽井沢中学初代校長）が市村を訪ね、夏期大学の再開を相談し、自らが事務局長として運営・指揮に当たることを約束した。市村は武田の意志を理解し、近隣の学者たちに講師の声をかけたようだ。不幸にも翌年に市村は亡くなるが、その後松田智雄（東大教授）が市村の跡を継いだ。軽井沢中学が再開のキャンパスとなった（のちに中央公民館に移転）。

「知の最前線で活躍する講師陣を迎える」というポリシーは後藤、新渡戸時代から変わっていない。署名録に記された講師陣の顔ぶれを見ると、その豪華さには驚くばかりである。

江藤淳、梅原猛、金田一春彦、井深大（ソニー会長）、木村敏雄（東大教授）、水上勉、吉川英治、坪井栄、佐多稲子、井上靖、中村真一郎、茅誠司（当時東大学長）、柳光悦、尾崎行雄、永井路子、山本直文（学習院大学教授）、宮城音弥（東京工業大学教授）、阿部知二、芹沢光治良、円地文子、内村祐之（内村鑑三の子息、東大教授）、安岡章太郎、臼井吉見、永井道雄、湯浅芳子（ロシア文学者）、串田孫一、井出孫六、柳田國男などなど。

まるでどこかの図書館の書棚を眺めるような、まさに知の最先端をゆく文化人の顔ぶれだ。

東京まで出張して講演依頼に出かける事務局の苦労が偲ばれる。なかには臼井吉見のように「わたしも軽井沢に小屋を持ったりしている。夏期大学には協力しようと思うが、記念講演ともなればそれなりの準備もしなければならない」――となかなか引き受けてはくれない講師も多かった。水上勉からは「薄謝があまりにひどすぎるのではないか」とお叱りを受けた――などなどの記録が残る。

しかし、臼井は連続講座を受け持ち、水上も講座を引き受けている。やはり後藤、新渡戸の二大巨頭のメッセージの重みと伝統、爽やかな夏、軽井沢という地名のブランドが知識人らを呼び寄せたのだろう。

ちなみに昭和二十七（一九五二）年第四回（戦後）の募集項目を見ると、

「第一部　人文科学（英語）定員一五〇名、第二部　社会科学　定員一五〇名、第三部　生産科学（農業）定員一〇〇名、ほか課外講座（期間中）　宮城音弥（社会心理学）、山本直文（フランス文学）　会費　各部一〇〇円、申込金三〇円　宿泊と通学　一般旅館一泊　三〇〇〜三五〇円、温泉旅館一泊三五〇円〜四〇〇円、共同宿泊一泊一五〇円以内（但し米、毛布等持参）」

とある。

共同宿泊なる寮での収容は聴講生の半分にも達せず、多い時は三倍に達したという。遠方からの聴講生を優先的に収容し、他は通講、旅館、民宿に宿泊した。

米、毛布等持参の言葉がなんとも時代を思わせて微笑ましい。

平成三十（二〇一八）年には創設百周年、再開七十回目の節目を迎えた。

夏期大学はかようにして、軽井沢を富裕層の特別区から市民参加のカルチャー基地へと開放したのである。

第三章　W・S・クラークの教え

箱館戦争の終焉と北海道開拓

明治元年、新政府が発足した時、明治天皇は三職（総裁、議定、参与）を呼び、蝦夷地《えぞち》経営の得失を諮問している。新元号がスタートしたばかりだが、その時蝦夷地は重大な関心事だった。目下の問題はロシアだった。

幕府は安政元（一八五四）年、ペリーと横浜で日米和親条約を交わしたが、ロシアはその翌年プチャーチンと下田においてアメリカとほぼ同じ内容の日露和親条約を結ばせている。ほぼ同時期に日英、日蘭と同様の条約が締結され、日本は列強に門戸を解き放った。

このとき、北蝦夷地（樺太、千島列島、オホーツク沿岸地方）にはアイヌ、ロシア人、日本人が混在していた。アイヌは松前藩による搾取、差別の記憶が生々しく日本人よりもロシア人に馴染んでいた。放っておけば蝦夷地はロシアのものになる――という危惧は江戸幕府の時から存在していた。幕府は松前藩を除く蝦夷地を直轄し、仙台、南部、津軽、秋田に加え会津、庄内の六藩に分領、警備させ、函館奉行（蝦夷地直轄の要）を置いて眼は離さないでいた。しかし、そのまま維新となり、幕藩体制は崩れたため蝦夷地の管轄は不明のままとなっていた。

明治天皇の問いかけにはそういう経緯があった。

弱肉強食の帝国主義が敢然と横行している。ロシアは南下政策の手を緩めてはいない。欧州ではクリミア半島をめぐりトルコ（仏・英が参戦）と戦い敗退した。ならば、と東アジアをめざす膨張政策は継続している。モスクワと極東を結ぶシベリア鉄道が計画されたのは一八五〇年代のことである。ロシア本国から千島、サハリンへの住民の強制移住は増大していた。

新政府は蝦夷地を自国に取り入れようと政策を急いだ。蝦夷地の呼称を北海道と改め、函館奉行を北海道開拓使として札幌に移し、アイヌを〝旧土人〟と称して強制的に日本人に同化させ、屯田兵、開拓農民を送り込み、北海道を内地植民地化しつつあった。

北海道開拓使の発足は明治二（一八六九）年七月八日のことで、箱館戦争が終結してわずか十一日後のことであった。開拓使は北海道行政の中枢機関でいわば函館奉行の改変である。

開拓使は北海道を内地植民地化し、殖産興業の本幹とすべく新政府の野望の下にあった。それゆえ開発のために投じた費用は十年計画で千四百万円だった。当時の国家予算が年間六千万円ほどだったから破格だった。当時蝦夷地に住民は十二万人ほどしか暮らしておらず、しかも沿岸部に集落が点在するばかりである。新政府は白紙のような蝦夷地に多大な投資をしたのである。

作家の司馬遼太郎は「戊辰戦争で疲労、衰退、困窮している東北地方の復旧を無視して、北海道に多額の開拓資金を投じた」と述べている。新政府は旧来の東北を見捨て、近未来の北海道へ賭けた、というわけだ。

開拓使の目的は防衛と殖産である。防衛面では屯田兵を派遣した。屯田兵は平時は農民として土地の開墾に当たり、時あれば兵士となって戦う、という民間特殊部隊でその多くは職を失った下級武士が召集された。

殖産のメインは農業と鉱業だった。原始林に覆われているとはいえ、そこは本州とはまるでスケールの異なる大地の広がりである。開墾すれば大農業国となるはずで、山々は鉱物の宝の山であった。とくに石炭はのちに黒いダイヤモンドと呼ばれる貴重な資源となった。

初代開拓使長官は鍋島直正（佐賀藩）、二代目が東久世通禧《みちとみ》（皇族）だったが、明治三年から次官だった黒田清隆（当時三十歳）が実質長官となり、明治十五年まで十二年間実権を握った。

黒田清隆を得たことが北海道にとっては幸運だったかもしれない。

黒田は薩摩の下級藩士のもとに生まれ、幕末に西郷隆盛の配下で薩長同盟結成のために奔走し、戊辰戦争に際しては北越、庄内の北陸戦線、箱館戦争では新政府軍の参謀として活躍、さらに西南戦争でも熊本城の包囲に功を立てるという根っからの武人である。身長百八十七センチ、体重百五十三キロという巨漢であり、豪放磊落、大酒のみ、論より剣、筆より鉄拳の人であった。また大久保利通（初代内務卿）とは同じ薩摩藩で昵懇の仲である。大久保は新政府の舵取りであり、黒田は北海道の王となり、北海道の基礎を白地図に色を塗るようにひとりで作った。

黒田の北海道開拓に関しての計画案は三つあった。

一つ目は「西洋の知識と植民事業に精通する専門家を招聘すること」。二つ目は「前途有望な青年を海外に送って留学させること」。三つ目は「学校を起こして北海道開拓の指導者を養成すること」だった。やはりタダの酔っ払いではない。先見の明がありこのプランはすぐに実行に移された。

黒田が北海道に託した夢はアメリカの酪農王国にあった。すぐさま渡米し、開拓に必要な指導者を連れてきた。ホーレス・ケプロンである。ケプロンは当時合衆国の現役農務局長であった。駐米公使だった森有礼がグラント大統領に黒田を紹介し、黒田はグラントに北海道開拓のあらましを説明、熱弁をふるい、適任者の推薦を乞うた。岩倉使節団とも面談し、親日派だったグラントは黒田の熱意にほだされホーレス・ケプロンを紹介した。ケプロンは喜んで大役を引き受けた。

ケプロンは時に六十六歳だったが意気軒昂、開拓使顧問となってから札幌新道（函館―札幌）の建設、食生活の改善（小麦の栽培、パン食の奨励。札幌ビールの生みの親ともなった）、缶詰量産工場の建設など功績は大きい。またケプロンが招聘した技師たち、地質のベンジャミン・ライマン、牧畜のエドウィン・ダン、鉄道・土木のジョセフ・クロフォードなどは直接現場で指導を行い実績を残した。黒田が招聘したお雇い外国人は七十五人にのぼっている。

北海道開拓は黒田が総指揮、ケプロンがプロデューサーという形で幸運なスタートを切った、といえるだろう。

鉱山業、酪農、鉄道、運輸、土木など北海道はアメリカ流の近代方式が採られ、ケプロンが率いるお雇い外国人らの下で計画、実行された。こうしたことが堂々と遂行されたのは、もちろん黒田の腕力があったからだが、北海道が本州とは海峡を隔てて独立しており、人口過疎地で政府にとっては欧化政策の要、日本の近代化をすすめるためのある種〝実験場〟的な試みが可能だったからだ。

黒田の二つ目の考え、「留学生を送ること」に関しては特筆すべき事項がある。明治四年、かの岩倉使節団は約二年におよびアメリカ、欧州を視察した。木戸孝允、大久保利通、伊藤博文など主だった新政府の重鎮が同行しているが、一行には若い留学生も参加させていた。その留学生のなかに北海道開拓使から派遣された五名の子女がいたことだ（留学生の中で女性は北海道開拓使からだけであった）。

そのひとり山川捨松は帰国してのちに日本陸軍の巨星・大山巌の夫人となり婦女の教育事業に貢献し

た。永井繁子は日本初のピアニストとなり海軍大将・瓜生外吉の夫人となった。津田梅子は女子英学塾（現・津田塾大学）の創始者となった。選ばれた子女は薩長閥からではなく、いずれも江戸や会津の旧幕臣の下級士族の子女だった。このあたりに黒田の度量の大きさがしのばれる。

黒田の三つ目の考えは「学校を起こすこと」だった。この計画はケプロンも黒田に提案しており、北海道を農業王国にするには農業専門の高等教育機関が必要だ、との助言だった。東京帝大は政界、法曹界の指導者の養成をめざしたが、北海道では農学者の育成、養成が望まれた。それが札幌農学校として実現した。

マサチューセッツ州立農科大学学長クラーク

「ボーイズ、ビー、アンビシャス」（青年よ、大志を抱け）

有名なクラーク博士の残した言葉である。

伝説の人物クラークだが、果たしてクラークとはいかなる男だったのだろうか。

ウィリアム・S・クラークは、一八二六年、マサチューセッツ州西部、アッシュフィールドに生まれた。アッシュフィールドはボストンの東方百八十キロ、当時は駅馬車で二十時間ちかくかかった（今はクルマで二時間余）。緑の丘陵に木造の民家が点在する十九世紀のニューイングランドの面影を今も残す田舎町である。

先祖は一六二〇年、東海岸のプリマスにメイフラワー号で着いた清教徒集団の一人だった、と推測されている。メイフラワー号の舵手にトマス・クラークの名があり、そのクラークが最初に足跡を残したという島がクラーク島という名で今も残っている。

地元で開校したばかりのウィリストン高校へ入学。高校では植物学、鉱物学に興味をもつ活発な少年だった。十八歳で卒業後、地元のアマースト大学（私立）に入学。化学、地質学を専攻した。アマースト大学は一八二一年創立という伝統校で、自然科学と宗教学を中心として現在も全米トップクラスの名門校として知られている。

大学時代は鉱物収集狂となり緑柱石を近郊の山で発見し、「百三十ドルで売れた！」と喜び、「ただの石ころが三個でこれだけの値段になるのですよ」と、父母に手紙を書いている。それが後の〝鉱山事業〟につながるとはクラーク自身も予想できなかったに違いない。大学は優秀な成績で卒業し、母校のウィリストン高校の教師（化学・博物学）となった。

一八五〇年、ドイツのゲッティンゲン大学に留学し、博士号を取得。五二年帰国し、母校のアマースト大学で十年間教鞭をとる（このとき、新島襄が留学しておりクラーク最後の生徒となっている）。専門は化学、動物学、のちに植物学だった（このころの大学教授は今のように専門化していない）。

クラークの名をこの地方に知らしめたのは南北戦争だった。南北戦争は一八六一〜六五年に起こった合衆国最大の内戦である。奴隷解放をめぐり北部と南部が真二つに分かれ血みどろの戦乱となった。

クラークはアマーストの学生や市民に呼びかけ一団をなしてマサチューセッツ第二十一義勇軍に参加、連隊長（中佐）として隊を率い前線に立って活躍した。

ロアノク、ニューバンなどの戦いでクラークは剛勇振りを発揮、北軍に勝利をもたらし、大佐まで昇格した。当時の戦いはスペンサー銃などの連発銃がまだ普及しておらず、先込め式のエンフィールド銃で一個ずつ弾を銃口から入れて撃つのが一般的だった。戦法は横一列に並んで撃ち合いながら進むといったローマ時代と変わらない肉弾戦である。士官は連隊の先頭に立ち、後続する兵士に「ひるむな！　進め！」などと号令を発しつつ敵前へ向かわねばならない。クラークは非常時でのそうした勇気と胆力を持ち合わせていた。教授でありながら戦士であった。しかし続くチャンテリーの戦いでは逆に窮地に追い込まれ、部下を戦死させ、自らも命からがら南軍の包囲をくぐり抜け、四日間水も食料も得られず道なき道の森林地帯を三十キロ、ひたすら歩き続け本隊に生還している。このとき、新聞は「クラーク戦死」をすでに報道していた。まさに九死に一生を得たのであった。

クラークはこの奇跡の生還で准将にまで推薦されるが辞退した。自らの務めは軍人ではなく教育者であることの自覚、友人や学長の子息を自らの指揮下で亡くしたことの傷心があったのだろう。「万一復員せねばならない場合は少尉（士官学校新卒のポスト）からスタートする」と宣言し、リンカーンが「奴隷解放宣言」を出したのちの一八六三年、故郷の大学に戻っている。

南北戦争は五年間にわたり両軍合わせて四十万人の死者をだすという大惨事をもって終結した。南部の黒人奴隷は解放されて自由国民となったが、その一週間後、リンカーン大統領がフォード劇場で暗殺されるという悲劇を呼んだ。

クラークの次の仕事は州立大学の立ち上げだった。アメリカにはもともと国立大学はない。一つの州に一つの大学を設立するというモリル法が合衆国議会で承認され、マサチューセッツ州に州立農科大学誘致の運動が起こった。クラークはその運動の先陣をきり、アマーストにマサチューセッツ農科大学（現・マサチューセッツ大学アマースト校）を誘致し、その実力が認められて学長の地位を得た。このときクラークは押しも押されもせぬ地方の堂々たる名士であった。

もう一つのフロンティア、北海道へ

明治七（一八七四）年、黒田清隆は教育事業の指導者たるべく人材を探すよう、当時のアメリカ駐在公使・吉田清成に依頼した。黒田の趣旨は三人の指導者の招聘で、農学分野で著名な教頭（副校長）を一名、他二名はその教頭と相談の上決めたい、というもので、報酬（年俸）は教頭五千ドル、他は四千ドルというものだった。

明治時代のお雇い外国人は政府高官より優遇されている。ちなみに鉄道技師のエドモンド・モレルは月俸八百五十円で時の太政大臣・三条実美の八百円より高給待遇だったことが知られている。クラークの五千ドルは現在の貨幣価値でいうと月俸六百万円となり、モレル（現在の貨幣価値で月俸八百五十万円）には及ばないが決して悪くはない報酬だった。おそらく州立大学長よりもはるかに高給だっただろう（最終的にクラークの年俸は七千二百ドルとなった）。（＊白米一〇キロの小売価格で換算。以下同）

吉田はコネチカット州のバーズイ・ノースロップ（親日派の高名な教育家。五人の留学子女の後見人ともなる）が推薦したクラークに会いに行く。クラークは州立大学の現役学長で学生たちの人気もあり、経営面での実績もあった。想像するに一部の理事は反対しただろうが、クラーク自身が強い意志を表明。学長になってすでに十年が過ぎており学内の基礎も整い、新しい意欲に燃えたのだ。クラークは理事会を説得し、サバティカル（長期休暇）という学則に沿い、現役学長のまま一年間日本へ招聘されることとなった。開拓使の要望は二年だったが、クラークは「大丈夫、人が二年でやるのなら、私は一年でやってみせる」と豪語した。

クラークは他の二名の指導者を自らの教え子から選んだ。ウィリアム・ホイーラー（数学、工学）とペンハロー（植物学、化学）である。（のちにウィリアム・ブルックス〈農業〉が加わり、この三人はクラークが去ったあとも〝クラーク精神〟を引き継いだ)。

明治九年五月十五日、三人はアマーストを発った。アメリカ大陸を横断し、太平洋航路経由で横浜に着いたのは一か月後の六月二十九日であった。

クラークは少年時代から負けず嫌いで勝気な性格であった。青年時は活動家で冒険や英雄的行為に憧れをもっていた。教授となってからも講演会などで炭酸ガスを液化するという危険な科学実験を平気でやってみせて聴衆の心を摑んだりしている。厳然たる態度、凛とした鋭い眼光、引き締まった肉体、一方で笑えばおおらかな人柄がほとばしり出る。黒田が魅了されたのはその威厳ある表情、人を惹きつける雄弁さだった。黒田は初会見でたちまち惚れ込んでしまったのである。クラークの根はピューリタンである。質素、勤勉を旨として、奴隷解放や貧しい人々の救済を志し、「人類は皆平等である」という独立宣言を信条としていた。

家庭的にもクラークは恵まれていた。妻のハリエットは幼馴染みで、富豪のウィリストン(クラークの母校・ウィリストン高校の創始者)の養女だった。クラークの父親がウィリストン家のかかりつけの医者で両家は親しい間柄にあり、義父のウィリストンは結婚祝いに二人に新邸を寄贈した。この地方随一といわれるほどの豪壮な建物だった。

二人の間には子どもが十一人も授けられた(三人は幼い時死去)。末息子のヒューティ(ヒューバート)は著名な動物学者となり、ジョンズ・ホプキンズ大学で博士号をとり、アマースト大学の講師、さらにはハーバード大学で動物学室長となる。ヒューティの息子(クラークの孫)のウィリアム・スミス・クラーク二世は一九二一年、アマースト大学を卒業。札幌へゆき北大で二年間英語を教えた。その後シンシナティ大学の英文科の科長を務めている。

北大総長、寶金《ほうきん》清博さんに聞く

令和六（二〇二四）年一月、現北大総長の寶金清博さんに会った。

寶金さんは昭和二十九（一九五四）年、札幌生まれ。北大医学部を卒業後、北大病院長などを経て、令和二年に総長に就任した。やや角ばった顔にふさふさとした黒髪、太い眉、眼鏡の奥の優しい瞳がいかにも頼れるドクターを感じさせる。専門分野は脳神経外科学でモヤモヤ病研究の第一人者として知られる。また占星術、競馬、野球など大衆的な話題を糸口に人生の深みを語るという名エッセイストでもある。精神科医で軽妙な旅のエッセイを書き続けたわが師匠・斎藤茂太をどこか彷彿とさせる人柄であった。

寶金総長一行は令和五年四月、北大と国際交流協定を結ぶマサチューセッツ大学（アマースト校）を表敬訪問している。

現地訪問の印象を寶金総長に聞いた。

「素晴らしい大学でしたね。伝統、歴史もあり、アメリカでもトップクラスの大学です。そこでクラーク先生は北大以上に大切にされており、札幌農学校の資料など図書館に丁寧に保管されていました。感動したのはクラーク先生の跡を継いだブルックス教授のエルムの木でした。北大から記念に持ち帰った幼木です。それが今は見事な大樹となり掲示板の解説とともに保護されていました。百五十年の時代の流れの象徴のように思えましたね」

マサチューセッツ大学のキャンパスには赤レンガ造りの「CLARK HALL（クラーク記念館）」、また新たに作られた斬新な「クラーク記念庭園」もある。キャンパスは北大と同様に広く、学生農園や果樹園があり、森の緑のなかに新旧の建物が混在している。札幌農学校はクラークがマサチューセッツ農科大学を手本としたことがよく分かる。

アマーストの町については、

「高層ビルがなく落ち着いた雰囲気です。静かな学園都市ですね。この街には新島襄や内村鑑三ゆかりのアマースト校など五つの大学があります。町の周辺は緑の広がる牧草地で彼方には山脈が見え、北海道でいえば余市、江別のような郊外都市に近い感じでした」

総長はビージーズの「マサチューセッツ」の歌を思い出しながら町を歩いたという。マサチューセッツは独立十三州の中心となった州で、アメリカ人の心の故郷のようなところだ。

「帰国して思ったのは、クラーク先生が日本、しかも北海道までやってきたモチベーションは一体なんだったのだろうか？　ということでした」

総長は、「大西部の横断ではまだ先住民とのトラブルもあっただろうし、野牛が出没して鉄路を塞ぐこともあったでしょう。太平洋を越えるのも、当時は蒸気船ですから嵐に巻き込まれることも、船内では壊血病や伝染病も多かったと思います。要するに命がけですよね。一体何がそれほどクラーク先生の心を動かしたのでしょう？」

逆に質問されてしまった。

クラークが来日したのは明治九（一八七六）年六月のことで、クラークがサンフランシスコを発った二十五日後に先住民のスー族が反乱を起こし、カスター中佐率いる第七騎兵連隊がモンタナで全滅している。ジェシー・ジェームズの列車強盗団も暗躍していたころだ。当時の先進国から新政府がはじまったばかりの日本へ、しかも北海道という辺境へ、確かに命がけの冒険だった。

クラークの来日理由は一般的に言えば、フロンティアへの挑戦とキリスト教の伝道ということになるだろうが、しかし、クラークは伝道者ではないし、もはや軍人ではない。しかも愛する妻と八人の子どもらを残して、あえて命を賭ける冒険に挑んだモチベーションは何だったのだろうか？

ambitionという言葉がふと頭をかすめた。ambitionという言葉には「大志」と「野望」の二つの意味がある。クラークにとって北海道は未知の国であり、その未知への挑戦がambition（大志）だったのではなかったか。異教の国の辺境に文明の灯をともし、子どもらにキリストの教えを伝えることが自らの使命だった。このときクラークの名声はマサチューセッツ農科大学学長として頂点にあった。さらに日本の農学校でのプレジデント、という希代の名誉が彼のambition（野望）に弾みをつけた。

「少なくともお金（報酬）が目的だとは考えられませんね」

と、総長は一瞬感慨にふける。

北大は令和八年に創基百五十周年を迎える。総長はその節目に当たり、

「〝光は、北から〟を合言葉に、清く澄んだ空、雄大な大地、この壮麗な北海道から世界へ光を発信したいと思っています。光とは叡智、科学、経済、つまり人類の希望の光ですね。少子化、低経済など日本は今難しい時代に入っていますが、今こそ原点に立ち返り、クラーク先生の残したグローバルでアンビシャスな精神を引き継ぎ、次の世代のリーダーたるべく人材を育て、支援してゆきたいと思っています」

記念式典にはクラーク家の子孫、マサチューセッツ大学の学長も呼びたい、とも言う。

クラーク精神は佐藤昌介、新渡戸稲造、内村鑑三に引き継がれた。

佐藤は大学を創り、新渡戸は人をつくり、内村は神を教えた。

新渡戸と内村の教え子らは後述するが、南原繁、矢内原忠雄（ともに東大総長）、前田多門（文部大臣）、鶴見祐輔（厚生大臣）など数知れず、いずれも戦後、教育、政界、外交の中心人物となって活躍した。

授業は英語、寄宿舎では洋食

札幌は石狩平野に開けた街である。

札幌はアイヌ語で〝サッ・ポロ・ペッ〟――乾いた大きな川、という意味だ。市内を流れる広い河原のある豊平《とよひら》川のことを指したのだろう。

ここを北海道の本府としたのは明治二（一八六九）年のことだった。そのころの札幌は人煙希薄、戸数はわずか八百戸、人口は二千に過ぎない。見晴るかす平原は荒涼寂寞としていた。

明治九年、その原野のただなかに札幌農学校は開校した。

洋風のシンプルな建築で、周囲は草木茂る野地、原始林である。まるでそこだけに文明の光が当たっているような白亜の学舎であった。

札幌農学校の前身は明治五年発足の北海道開拓使仮学校で、当初は東京芝の増上寺境内に設けられた。明治九年、札幌に移転し、欧米に匹敵する高等教育機関をめざし札幌農学校を設立した。北大はこの農学校の誕生を創基としている。北海道開拓の一翼を担う行政の幹部候補生、開拓の技術者、農業指導者の養成が目的とされ、日本で最初期の学位授与機関（大学）であった。

教頭（実質は校長）に就任したクラークは札幌農学校を自らのマサチューセッツ農科大学の規範に合わせた。農業技師・指導者の養成は基本だったが、リベラル・アーツ（全人教育）を導入した。

授業はすべて英語、生活は洋式が義務づけられ、食事はパンと肉食が主流である。学生と職員を賄うため、料理人、洋服仕立職人、靴製造人、西洋洗濯人などが東京から召集された。一般講義のほか週に二時間の練兵があり、体育とともに兵役訓練が行われた。農業実習では伐木、開墾、掘開などが実践された。

官立校でありながら、実質はクラークの私立学校のようなものである。そこにはクラークの聖書にもとづく厳しいピューリタン精神が貫かれていた。

クラークは規則、義務、罰則などの細やかな校則を排し、

'Be Gentleman'

のたった一言を実行させた。

学生は官費（月十五円、現在換算で十五万円）を支給され、授業料は無料。農作業に関しては別途賃金が支払われた。本州から来た学生からすれば官費留学のようなものだ。縛りは卒業後北海道に籍をおき、開拓事業のために五年間奉職することだった。それも考え方によっては卒業後の就職が内定しているようなものである。

学生は学業優秀で健康であることを前提に選び抜かれた。

クラークとホイーラー、ペンハローの三人は来日するやすぐさま東京英語学校（官立開成学校の予備課程。のちの東京大学予備門）へ生徒募集に向かっている。

その時の様子を佐藤昌介（第一期生、のちの北海道帝国大学初代総長）は、

――三人のアメリカ人教師が突然やってきた。彼らは教室のドアを開けるなり、英語で猛烈に話し始めた。（中略）「われわれ三人は、北海道開拓のための高等農業教育を施す札幌農学校の開校

するのにともなって、このほどアメリカからきた者である。この学校は四年間、月十五円の官費を支給されながら勉強できる。卒業後、北海道の農業開拓に尽くすことになるが、その気があるのなら、近々試験をするので応じてもらいたい。そして、われわれと一緒に未開の地・北海道に行って思う存分に学ぼうではないか」

と、五十歳くらいの威厳のある男性がおもにしゃべった、と記憶している。

（藤井茂『北の大地に魅せられた男〜北大の父 佐藤昌介』岩手日日新聞社）

五十歳くらいの威厳のある男性とはクラークのことだろう。クラークと二人の教師はその後面接試験をして、東京英語学校から十一人の学生を選んだ。

かくして、明治九年七月二十五日、官費生、クラーク、ホイーラー、ペンハローを乗せた開拓使御用船「玄武丸」（六百四十四トンの蒸気船）は黒田清隆が先導して品川の港を離れた。

二日目、事件が起きた。船には北海道の工場で働く女子工員らも乗っていた。長い船中、学生らは荷物と一緒の三等客室だったが女子工員らは二等船室だった。学生らは不満をかこち、甲板に出て卑猥な歌をうたい騒ぎ始めた。なかには一升瓶を小股に挟んで揺らす男の学生の姿もあった。折悪しく、彼らがいた場所はちょうど黒田が食事をとっていたホールの真上だった。

気の短い黒田は、「こんな生徒ではとうてい成業の見込みはないから函館に着いたら追い返してしまえ！」と、激怒した。

札幌農学校の前身、開拓使仮学校で黒田は苦い経験をしている。開拓使仮学校の入学生には武士の出身者が多く、上野彰義隊の残党なども交じり維新動乱の若武者の集まりのような雰囲気があった。

当時没落したばかりの階級の子弟は勉強とか読書よりも酒をあおって飲みっぷりを披露したり、芸妓とどんちゃん騒ぎして遊ぶことが〝道〟だった。そのさまを見て怒った黒田は学校を一時閉鎖したことがあった。

黒田は若者たちの暴挙を憂い、クラークに道徳、修身のあり方を問うた。

クラークは道徳教育は聖書を使わねばできないと答えた。清教徒の子孫・クラークにとっては当然の主張であり、多くの欧米人も同じ考えだっただろう。しかし、日本ではキリスト教はわずか三年前、明治六年に解禁されたばかりだ。解禁といえどもそれは欧米人への建前であって、国内ではいまだ邪宗として白眼視され決してオープンなものではなかった。開国上の手前、仕方ないから黙認するといったところだろう。函館ではロシア正教会と開拓使の間にトラブルが続出していた。札幌農学校は国の官立学校である。黒田自身も耶蘇《やそ》嫌いで、ふたりの会話はそこで断絶してしまった。

黒田が聖書を容認したのはそれから数週間後のことである。黒田はクラークを知るなかで、彼の毅然とした人となり、尊厳ある人格に改めて惚れなおした。クラークは黒田と同じ軍人経験があり陸軍大佐であった。このとき黒田は三十六歳。クラークは五十歳。クラークは黒田より一回りほど上の年齢だったが、自らの立場を心得ており、黒田を閣下と呼び黒田の指示には忠実に従っている。学生らの指導、彼らの勉学ぶりも想像以上だった。学内で聖書を容認するのはしのびないが、黒田は信頼した者にすべてを預ける主義であった。

「聖書の使用を許可します。ただし表向きにはしないでほしい」

黒田はクラークに聖書による道徳教育を任せた。

クラークがどれほど喜んだかは贅言を要しない。

全員が「イエスを信ずる者の誓約」に署名

クラークはキリスト教による道徳指導が許可されると、学生ひとりひとりに東京からもってきた聖書を手渡した。クラークの講義がいかなるものであったか、については、第一期生の大島正健が書き残しているのでそれを引用しよう。

――クラーク先生は毎日授業に先だって聖書の講義をなし、学生をして聖書や讃美歌の名句を暗誦せしめ、絶えず熱祷を捧げて次第に彼等を教化善導することにつとめた。日曜日には特に一時間をさいて学生達のために修養談を試み、聖書を読み、讃美歌を朗吟し、礼拝まがいの集会を催したが、そのやり方は宣教師達のそれとはまるで変っていた。（中略）或る時はだまって考え込み、次で真赤な顔をして力強い祈りを捧げて終りにするかと思えば、次の時には何か思いつかれたものを読んで聞かせる。また或る時は一つの問題を捉えて立派な説話を試みる。その調子は親が子を愛するという具合で、定まった形式というものは少しもなく、自然のままに宗教教育を施すというありさまで、クリスマスのような形式的な行事はあまり好まれなかった。

（大島正健『クラーク先生とその弟子たち』教文館）

大島の記述によれば、クラークは自らの経験や箴言、教訓をエピソード風に分かりやすく学生たちに語っていたようだ。クラークは宣教師、伝道師ではない。説教よりも正しく生きること、勤勉であること、努力を重ねることなど、基本的な青年の生き方を説いて聞かせた。ただクラークは音痴だったようで讃美歌は歌わず朗読だけしていたようである。

クラークは教室ばかりではなく学生たちの精神と肉体のバランスも考えていた。しばしば学生たちを野外に連れ出し近隣の山で植物や鉱物の標本採取を行った。

札幌の冬は厳しい。極寒の折には学生と雪合戦をして体を温めるように指導している。また近郊の冬山にも学生を駆り出し、先導して頂上へ登っている。

たまたま手《て》稲《いね》山登山の折、木の枝にぶら下がった苔を見つけた時、クラークは自らが四つん這いの馬となり、学生に苔を採らせたことがあった。学生は教頭先生にそんな無礼はできない、と躊躇したが、クラークは「靴のまま登れ、かまわん」と命令した。いかにも戦場の北軍大佐を彷彿させるエピソードだ。のちにそれは「クラーク苔」と名づけられ地衣類の珍種発見となったようである。

クラークはそれまで酒も煙草もたしなんでいたが、聖書が解禁されてのちは自ら「禁酒禁煙」を宣言し、東京からもってきたワイン数箱を投げ捨てた。健康に害を及ぼす、と学生、職員にも禁酒禁煙を強制した。札幌の市民にその逸話が伝わり、禁酒・禁煙運動が巻き起こった。当時酒と煙草は男たるべき嗜好の本道だったが、〝清き都〟札幌は本邦初の嫌煙運動の誕生地となったようだ。

親元を遠く離れた学生らにとっては、クラークは父親代わりのようであり、厳しくもあり、優しくもあるクラークに学生たちは馴染み、やがて敬慕するようになる。明治の日本の父親像とクラークが違っていたのは、若き学生たちをジェントルマン（紳士）として一人前に遇したことであった。

佐藤昌介は、クラークの人となりについて以下のように語っている。

――先生は普通の教育家でない。経世家［筆者注＝世のために尽くす実践家］であり、軍人気質もあり、又た熱心なる基督教の信者であり、その人格は円熟せるものであった。自然科学に対しても造詣深く、その得意の科学は植物学と化学であった。農学者でないことは自ら云う所であッたけれと農場の経営に対しては一見識を持ッて居つた。当時の先生の立場よりして、学校の管理や組織や学生の訓育指導に対しては、老練なもので非凡なる手腕を持たれて居つた。

（中島九郎『佐藤昌介』川崎書店新社）

札幌を去る日が近づいたころ、クラークは「イエスを信ずる者の誓約」をしたため、自ら署名し信仰に入ろうとする学生らに署名を求めた。全文は長いので一部を紹介しておこう。

——下に署名する札幌農学校の学生は、キリストの命に従いてキリストを信ずることを告白し、且つキリスト信徒の義務を忠実に尽くして祝すべき主即ち十字架の死を以て我等の罪をあがない給いし者に、我等の愛と感謝の情を表し且つキリストの王国拡がり、栄光現れ、そのあがない給える人々の救われんことを切望す。故に我等は今後キリストの忠実なる弟子となりて、その教えを欠くることとなく守らんことを厳かに神に誓い且つ互いに誓う。

第一期生、十六名全員が署名した。

そのなかには佐藤昌介、伊藤一隆（北海道水産王）、内田瀞《きよし》（北海道開拓の先覚者）、大島正健（札幌独立教会初代牧師、同志社大学教授、甲府中学校校長）、黒岩四方之進《よものしん》（新冠御料牧場長）の署名がある。

クラークのキリスト教教育は北海道の開拓、新しい国づくり、人間づくりに多大な影響を与えた。清楚でピューリタン的な生活態度、実証主義、勤労への使命感がそれまでの古い日本人の人生観、社会観を変えていった。つまりフロンティア・スピリット（自由と先取精神）をバックボーンとしたリベラル・アーツ（全人格的な教育）が北の大地で花開いていったのである。

二期生として入学してきた新渡戸稲造、内村鑑三、宮部金吾、広井勇にその精神は伝わり、新しいリベラルな人間像が日本に生まれ、近代化のなかで実を結んでゆく。

光は北から発信されたのだった。

話は変わるが、臼井吉見の小説に『安曇野』がある。

『安曇野』は長野県の穂高地方を舞台にして農家へ嫁いだ相馬良（黒光）を主人公に明治・大正・昭和と続く時代の流れのなかで生きる夫の相馬愛蔵、社会思想家の木下尚江、彫刻家の荻原碌山（守衛）の青春群像を描いた大河小説だ。

東京の明治女学校出身の良は穂高の古い村の風習に耐えられず、上京して本郷で中村屋（パン屋）を経営した。のちの新宿の中村屋である。

大河小説では良の夫となる愛蔵は東京専門学校（のちの早稲田大学）を卒業し、札幌農学校で養蚕学（クラークが奨励した。今も「桑園」という駅名が残る）を研修したが、家庭の事情で中退して故郷に帰り、家業の養蚕を近代化して地域の養蚕業の指導者となった。一方で、井口喜源治が指導した「研成義塾」というキリスト教私塾結成にも尽力し禁酒禁煙運動をはじめた。

愛蔵は札幌農学校でフロンティア精神を培い、故郷へ帰りそのスピリットを伝え実践したのだ。

クラークの教えは細流だったかもしれないが、この小説の主人公のように日本の近代化精神の一翼を担ったことは間違いない。

第四章　パウロとヨナタン　札幌農学校の日々

荒野《あれの》に時計台の鐘が鳴る

令和四（二〇二二）年、晴れ渡った秋の日、札幌大通公園を歩いた。

大通公園は札幌の街の中心地にあって、幅百メートル、東西一・五キロに渡る緑地公園だ。十月中旬のことであるが、トチやカエデなどの木々はもはや紅葉がはじまっていた。昔ながらのランドマークたるテレビ塔が立ち噴水池には乙女の像が踊っている。人びとの歩く姿がゆっくりしており、大きく抜ける青空、通り抜けるひんやりした風の冷たさに北国を感じた。

開拓使はこの大通りを境に北は官庁街、南は商業地区と街を二分して、大通を緑地公園とした。さらに条（南北）と丁（東西）で区分し、碁盤の目のような街を作った。設計したのは開拓使次官だった島義男だった。

前述したように北海道開拓使は明治二（一八六九）年に発足、初代長官は肥前（佐賀藩）の藩主・鍋島直正。島は鍋島の直属の幕僚だった。明治維新は薩長土肥の四藩によりなされたが、その中心はあくまで薩摩、長州だった。佐賀藩は開明派で幕末から国外へ目を向けており、長崎での貿易にも深く関わっていた。中国へはアワビやコンブなど蝦夷の海産物が重要輸出品目で、かねてから蝦夷地開拓には関心をもっていた。鍋島は島に命じ、幕末に樺太・蝦夷の調査をさせている。その意志を受けて薩長参議が鍋島を初代開拓使長官に据えたのだろうが、鍋島はわずか二年で役職を降り、島の業績は札幌の都市設計だけに終わっている。開拓使事業の実行主は明治三年から開拓使次官となる黒田清隆に移り、その後開拓使は薩摩藩閥の牙城となった。

大通公園をそのまま西へゆくと十丁目あたりに黒田清隆とホーレス・ケプロンの二人の並んだ像が建つ。開道百年事業で建てられた立像で東の空を向いている。両人とも口髭を生やし、フロックコートを着て、堂々と睥睨《へいげい》するように街を見下ろす姿には明治という重厚な時代がしのばれる。

テレビ塔の近く、北一条西二丁目に時計台がある。

木造二階建てで、三角屋根の上に大時計のある特徴的な建物で、札幌時計台として市民に親しまれてきたものだ。今は都心となり、周囲を高層ビルに囲まれているためかそこだけ時代がかっており観光客には「日本三大がっかり名所」（残る二つは高知のはりまや橋と長崎のオランダ坂）の一つとして不評のようだ。

正式名称は「旧札幌農学校演武場」で、札幌農学校のシンボルだった。

現在は一般開放されており一階が資料館、二階がホールとなっている。

資料館には当時を再現した風景模型が置かれていた。時計台を中心とした農学校の教室や講堂、官舎、寮が建ち並ぶ。荒野《あれの》のただ中に白壁のマッチ箱のような洋風建築が並ぶさまは、まるでアメリカ西部の開拓時代そのものである。人口過疎の札幌ではここだけに光が当たっていた。

明治十年、内村鑑三、太田稲造（当時は養子先の苗字だった）ら二期生十八人は品川から玄武丸（開拓使所有の大型船）にのり、太平洋を北上して丸二日間かけて函館へ。函館から小樽まではさらに海路二十時間、小樽から札幌まで馬車で五時間かけて辿り着いた。札幌の農学校に着いたのは九月三日の夕刻だった。時に太田稲造、十五歳、内村鑑三、十六歳である（内村は東京英語学校在学中肺病のため休学し、一年遅れて卒業した）。今でいうと中学三年生、高校一年生くらいの年齢である。

時計台館内には当時の在校生の記念写真が展示されており、制服のような厚手のジャケット、二本線の入ったズボン、立襟の白シャツにネクタイ姿で、羽織袴が日常だったこの時代では洋学校らしくモダンでなかなかお洒落だ。

彼らにとって札幌は海外留学のようなものだったに違いない。まだ青年になったばかり、文字通りboys である。そう思うと、親元を遠く離れ、津軽海峡の荒ぶる海を乗り越え、この荒野に建つ学校に来たということだけでも心に秘めた ambition（大志）を感じるが、いかがなものだったろうか？

サムライの子、英語を学ぶ

新渡戸稲造は文久二（一八六二）年、盛岡に生まれた。

父親の新渡戸十次郎は南部盛岡藩士。藩主・南部利剛《としひさ》に仕えた勘定奉行だった。新渡戸家は代々武士の家系で、祖先は花巻城に出仕し、祖父の傳《つとう》は三沢近くの未開地・三本木原（現・青森県十和田市）を十和田湖から水路を引いて新田開墾の成功に導いた功労者だった。十次郎は傳の志を受け継ぎ稲生（新田）の町作りに貢献したが、四十七歳で死去。稲之助（幼少期の稲造の名）は七人兄姉の末っ子だったため、父親を五歳で亡くしたことになる。稲之助にとっては祖父が父親代わりとなり、祖父から開拓のフロンティア精神を受け継いだといわれている。ちなみに稲之助の名は新田でとれた初米にちなんで名づけられた。

九歳の時、東京で洋服店を営んでいた叔父の太田時敏に養子にゆく。

盛岡では健気な母せきが残された七人の子どもを抱えていた。それを見かねた叔父の太田時敏が手をさしのべたのだろう。当時は親戚同士で助け合うのは普通のことだった。

この太田時敏も記憶していい人物である。戊辰戦争当時彼は南部藩の重鎮だったが、新政府軍に負けたとき、尊敬していた筆頭家老（楢山佐渡《ならやまさど》）が責任を問われ切腹を余儀なくされた。その介錯人となるのがしのびず、彼はサムライを捨てて単身上京して商人の道を選んだ人である。

九歳の稲之助の心境はいかがなものであったか？　この年齢ならば母親と離れるのは忍び難いことだったに違いない。幼少期の稲之助はわがままで、人一倍腕白だった。しかしまだまだ甘えていたい年齢である。一方、憧れの都へ、日本の中心地へひとりではなく次兄とともに行ける、という好機は二度とないかもしれない。母と別れるのは忍びないが、天から与えられたチャンスではないか、とも思ったはずだ。（結局稲造はこのとき以来母親にふたたび会うことがなかった。農学校に入った三年目、彼は帰省したが、盛岡に着く三日前に母親はすでに亡くなっていた）

東京は盛岡からははるか異郷の地であった。今では新幹線で容易く行けるが、当時は引き馬か籠に乗って十一日間も要したのである。

このとき、明治四年は日本の大きな転換期だった。廃藩置県が行われ、幕藩体制が消滅した。武士階級の特権がなくなり、四民平等という新しい時代が訪れていた。同年、岩倉具視使節団が横浜からアメリカへ出発した。

「もう盛岡藩もない。東京へ行こう」

少年は新時代の東京へと旅立った。このとき名を稲造と改めた。

養父となった太田時敏もひとかどの人物だった。父親の傳に従い、三本木原の開拓に尽くした一人だ。維新の恨みを忘れず「賊軍の汚名を学問で雪《そそ》げ」——と、稲造を鼓舞した。

上京後、叔父の勧めに従い築地の英学校に通った。当時築地明石町は外国人居留地で赤レンガの病院や白ペンキの木造洋風民家、ガス灯などエキゾチックな雰囲気で横浜から移住した宣教師や領事たちが住んでいた。東京のキリスト教の教育拠点ともなっており英語塾や英語学校が誕生していた。青山学院、立教大学、明治学院大学、関東学院大学などのちのミッション系大学の発祥地でもある。

維新、開国と同時に国民の間に英語熱が盛んとなり、日本中に〝西洋風〟が吹きはじめた。養父の時敏はその時代の風を感じとっていたのだろう。稲造はその風を大きく呼吸しながら塾へ通った。

十一歳になったころ、できたばかりの東京外国語学校（のちの東京英語学校、旧制第一高等学校）に入学した。ここで稲造は同じ南部出身でのちに北海道帝国大学初代総長となる佐藤昌介と親交をもった。稲造は自分の将来について真剣に考えるようになり、先に入学した佐藤に倣い札幌農学校への進学を決意した。盛岡よりはるか遠方の蝦夷地にあったが、農学校はアメリカ式の進んだ学問を取り入れており、官費入学（学費、生活費などを国が負担してくれる。つまり親からの仕送りが不要）であること、当時他校では得られなかった「学士」資格を授与する学校だからであった。

このころ、明治天皇が東北、北海道を巡幸中、十和田湖近くの三本木原の新渡戸家で休息をとった。その折、祖先の労苦をねぎらい「父祖伝来の生業を継ぎ農業に勤しむべし」という主旨の言葉を述べ、報奨金を与えられた。農学を志したのはこの言葉に従った、という背景もあったようだ。

一方、内村鑑三は新渡戸より一年前の万延元（一八六一）年、高崎藩士・内村金之丞宜之《きんのじょうよしゆき》の長男として、江戸の高崎藩武家長屋に生まれた。母はヤソ。五人兄弟の長男だった。内村家は代々五十石取り、家格は中級武士だった。三歳の時、一時父とともに高崎へ移るが、維新後の明治二年、父が石巻県の少参事となり石巻へ。明治四年ふたたび高崎へ呼び戻されるが、同年高崎藩が廃藩となった時、藩主とともに父親も退き、秩禄公債を得て東京へ出る。鑑三も十一歳で生まれ故郷の東京へ戻るなど転々とした日々を送った。

父親は風流人で書を読み、歌を詠み、酒が好きだったが、ひとかどの儒学者で四書五経を諳《そら》んじていた。教育熱心でもあり、鑑三を有馬学校（私立英語塾）に入れて英語を学ばせた。

そういう意味では内村も新渡戸も家庭環境は似ている。地方武士階級出身であること、親（義父）が教育熱心で英語を学ばせたことなど、双方に共通している。

明治七年、十三歳で内村鑑三は東京外国語学校（官立）に入学。新渡戸は一歳下だが同学年で入学する。翌年東京外国語学校は東京英語学校と改称。卒業すると東京開成学校（のちに東京大学予備門と改称される）を経て東京大学へと進学できる名門校だった。

父宜之は鑑三に英語を学ばせ、ゆくゆくは政治家にさせたいと思っていたようだ。少年時代の鑑三は腕白だったが頭がよく意志が強く雄弁だったからだ。

内村家の本貫の地、上州は養蚕が盛んで、当時生糸は日本最大の輸出品目だった。そのため新政府は製糸産業を重要視しており（新政府は明治五年に富岡製糸場を作っている）、高崎と横浜とは一本の鉄路（日本鉄道と山手線、東海道線）で結ばれていた。つまり高崎藩は他藩と異なり、早々に開化しており、開国当時より海外に目を向けていたのである。

開港したばかりの横浜では上州出身者が売込商人（外国商社に生糸を持ち込んで売却する）として成功し、巨万の財をなす、というアメリカン・ドリームならぬシルキー・ドリームが実現していた。甲州商人の雨宮敬次郎、別荘地開発で成功した野澤源次郎もその一人であった。

上州の生糸、貿易港の横浜、ビジネスと英語（外国）は連鎖していた。事業成功の秘策は英語だった。やがて英語はキリスト教と連鎖することになる。明治七年、帰国した新島襄が上州安中に基督教会を建てたのはそうした時代の流れだった。

父宜之は世情を鑑みながら、鑑三に英語を学ばせ、新時代に羽ばたく夢を重ねていたのである。

メリケン粉樽を聖壇にして、聖書を読む

札幌農学校で彼らを待ち受けていたのはキリスト教だった。

クラークの置き土産ともいうべき「イエスを信ずる者の誓約」に全員署名した一期生らは新たに入学してきた二期生に同意を求めた。あたかも法外の〝学則〟を強要するかのようだった。

このあたりの事情は内村鑑三の自叙伝的作品『余は如何にして基督信徒となりしか』に詳しい。本作品は札幌農学校時代から渡米、アマースト大学の留学を経て帰国するまで内村の青春時代の心魂をつぶさに物語っている。内村ファンには必読の書といえるだろう。（以下の引用は新訳の『ぼくはいかにしてキリスト教徒になったか』〈河野純治訳　光文社〉による）

——二年生が「一年坊主」に対して傲慢な態度をとるのは、世界共通のことだが、それに新たな宗教的熱意と伝道の精神が加わると、憐れな「一年生」にどんな印象をあたえるか、容易に想像がつくであろう。二年生は一年生を改宗させようと嵐のように襲いかかった。

内村はもとよりサムライの子で、厳格な父親からは儒学を教えられて育った。幼いころから日本古来の神々を信じていた。神社の前を通る時には必ず拝礼して手を打ち願いを込めた。毎朝、顔を洗う

と四方の神々に柏手を打ち、感謝することを欠かさなかった。学問の神、書の神、稲の神、歯痛の神……神々の数は日に日に増えてゆく。日本には八百万《やおよろず》の神が存在する。日本人はその神々に守られて暮らしてきた。

しかし、上級生らの説得は日毎嵐のように襲いかかった。太田稲造が最初に署名した。続いて佐久間信恭、三番目が宮部金吾だった。あくまで神道派の内村は抵抗した。本道一宮の札幌神社に詣で、草原に横たわり、「日本より邪宗を追い払い、外国の神を頑なに捨てようとしない者たちを罰せよ、愛国の大義を守ろうとする我を助けよ」と祈った。しかし、その抵抗も空しく、ついに三か月後に陥落した。

内村鑑三は幼い時から頑固一徹であり、竹を割ったような気性の激しさをもつ多感な少年だった。本貫の地は上州である。冬のからっ風に立ち向かうには目を見張り、歯をくいしばり、踏ん張っていなければ吹き飛ばされてしまう。一方純粋無垢な気質もあり、物事を論理的に理解すると転身は早かった。

もはや毎朝四方の神々に祈ることは不要であり、神社の前を通っても、ひとり離れて拝みにゆくことはなく友人らとそのまま話を続けて歩くことができた。そんな些細なことがこの年齢の少年には嬉しいのである。

多神教から一神教者に生まれ変わった。新たな信仰は内村に精神の自由をもたらせた。今までは多種の神々にすがっていたが、これからは自分と聖書との単純な葛藤である。なぜだか体には新しい活力がみなぎった。狭い寮の部屋を出て、山野を歩き回り神と対話した。野の百合や飛ぶ鳥の声を聞き、自然のなかに魂が癒される歓びを感じた。

翌年、函館のメソジスト教会から巡教に来たM・C・ハリス牧師から仲良しの六人とともに洗礼を受けた。洗礼名は各自が選ぶ。聖書に登場する聖者らの名をとることが通例である。

読書好きの太田はパウロ（聖人のひとり。当初は反キリスト教のパリサイ派だったが、イエスの死後回心してローマ帝国の辺境での布教に尽力する）を、広井勇はチャールス、宮部金吾はフランシス、内村鑑三はヨナタンを名乗った。

ヨナタンはダビデ王と固い友情で結ばれた男で、ダビデの命を救った初代イスラエル王の息子である。なんとなく可愛らしいその名は豪胆な内村には相応しくないようだが、意外に内村にはそんな剽軽な性格があったのだろう。彼らは以後互いの洗礼名で呼び合うが、このとき一歩俗世から踏み出し孤高なるピューリタンたる実感を抱いたことだろう。彼らは聖書を英語で読み、イエスが語る人類愛と平和の意味を探っていった。

内村は宮部金吾と四年間同室だった。宮部はのちに世界的に高名な植物学者となり、北大で長らく教鞭をとった。植物分布の境界線「宮部線」（択捉《えとろふ》水道を境に南側は北海道の植物相、北側はシベリアの植物相で分かれる）の発案者、然別《しかりべつ》湖だけに生息する「ミヤベイワナ」の発見者、植物病理学の権威である。昨今NHK「朝ドラ」で話題となった牧野富太郎は植物分類学の権威となったが、二人はほぼ同期で同じ矢田部良吉博士に師事したよきライバルだった。両者とも文化勲章を受章している。

内村鑑三と宮部金吾の二人は仲良しコンビで、四年間同室でありながら一度も口論しなかった。向こう気が強く、人間関係で衝突の多い内村にしては珍しいことだが、宮部の性格の温厚さ、寛大さによったようである。

パウロ・太田（新渡戸）は知識欲が盛んでこのころ読書に没頭し目を悪くした（読書灯は今のように

電気ではなくガス灯だった)。その影響があるのか、生涯にわたり周期的な神経病(ノイローゼ)に悩まされることになる。当初活発だったので教師から「アクティブ(活動家)」の渾名をつけられたが、やがて心が落ち込むと「モンク(修道士)」と渾名が変わった。この二つの渾名が新渡戸の生涯を象徴している。

内村は、

——パウロは「学者」だった。たびたび神経痛を患い、また近眼でもあった。すべての物事を疑い、さらに新たな疑いをこしらえることができ、何事も自分で試して証明しなければ受け入れることができなかった。(中略)しかし、眼鏡やその他いかにも学者然とした外見に似合わず、心は無邪気な若者だった。ある安息日の朝、神の摂理と予定に暗く複雑な疑念を差しはさみ、「教会」の熱狂に水を差しておきながら、午後には、桜の花の下の園遊会に仲間たちとともに参加した。

と述べている。内村が揶揄するように思索・沈思するパウロは「もし神が全能であって何でもなしえるというのであるなら、神は自殺しえるか?」などと難題をもちかけ、内村らを悩ませたか思えば、一方では仲間たちと快活に遊んだ。まさにアクティブとモンクを行ったり来たりである。スポーツも好きで、ベースボールではピッチャーをこなし、戸外スポーツではいつも賞を取っていた。

札幌での学園生活は楽しかった。農場の片隅で宴会をしたり、山へ登ったり、馬で遠出したり、野球をしたり、花見をしたり、競馬を見物したり、劇場へ行ったり、酔っ払って授業に出てきた教授を雪原に連れ出し、雪玉を放っていじめたり、札幌ならではの野趣に富んだ学園生活を送っていた。

ある時、実験室に札幌近郊で射殺されたヒグマが運ばれた。「丘珠《おかだま》事件」と呼ばれ、冬眠から目を覚ましたヒグマが開拓者の夫婦を襲い、死者三名、重傷者二名を出したという衝撃的な事件だった。

ヒグマは解剖実習のため農学校の実験室へ運ばれ、ペンハロー教授指導の下、学生によって解体された。死んで間もない熊の赤肉を見た彼らは昼休み、こっそりと肉片を切り取り用務員室に持ち込み、炭火で焼いて食べてしまった。ところが午後解剖中の胃の中からは赤子の手や女性の髪の毛、人肉がどろどろと出てきた。食べた学生らは慌てて表へ飛び出し嘔吐したが、もはや間に合わなかった、というエピソードが残っている。

日曜日は休息日。この日ばかりは活動をやめ静かに神と向かい合った。

彼らは部屋を教会に仕立て、青い毛布をかけたメリケン粉の樽を聖壇代わりにして、全員が代わる代わる牧師となり、進行役となり、説教をした。ほかの者は信徒となり聖書を朗読した。夜は一期生と合同で礼拝をもった。クラークの遺した「誓約」の精神を守っていたのだ。

北大文書館に残された明治十（一八七七）年十二月の二期生の成績表では総合点で内村がトップ、二番が宮部、三番が太田（新渡戸）だった。農業と英語学は太田が最高点を取っている。宮部は植物学だけは負けまいと九十八点を取ったが内村は百点満点だった。内村は卒業時もトップで総代を務めている。

話は戻って、時計台の資料のなかには、クラークが招聘したブルックス教授が着任した時の晩餐会のメニューが食品サンプルで展示されていた。

鶏のソップ（スープ）、フライドチキン、鹿肉のロースト、白鳥のロースト、焼き鱈、パン、アイスケーレン（アイスクリーム）。飲み物はサンパン（シャンパン）、セリ（シェリー）、ブドー（ワイン）、ビールとフルコースである。デザートにコーヒーと並びタバコとあるのが愛煙家の私としては嬉しかった。

横浜から連れてきた西洋料理コックの渡辺金次郎が腕を振るったようだ。ビール、ワインが出されているが、「禁酒禁煙」も時には緩やかだったことを裏づけているようで安心した。ちなみに学生らの寄宿舎のメニュー（明治十四年）はパン、バター、肉と魚が一品ずつ、一日置きにライスカレーだったようだ。「牛肉はなかったが、鹿肉のステーキは飽きるほど出された」と、佐藤昌介の日記には書かれている。

ライスカレーはクラークが滋味栄養に富む、と勧めたのがルーツといわれ、札幌農学校のソウルフードとなった。

札幌独立キリスト教会の誕生

札幌逍遥は続く。

大通をさらに西へ。丸山公園近くの西二十二丁目に札幌独立キリスト教会がある。通りに面した白亜の二階建てのシンプルな建物で、普通の住宅ではないが一目ではこれが教会だとは誰も気づかないだろう。正面玄関の上に小さな十字架が置かれており、壁には、IN MEMORY OF W. S. CLARK & K. MIYABE 1963、とある。「クラーク・宮部記念会堂」といい、クラーク精神を受け継いだ札幌農学校の一期生、二期生らが創立したものだ。

札幌独立教会は大島正健、内村鑑三、宮部金吾、新渡戸稲造らが独自ではじめた寄宿寮での〝メリケン粉樽説教壇集会〟がルーツだ。彼らは卒業する前、学校を離れても心は一つに、と札幌市中に独自の教会を建てることを決意した。クラークが去る時、学生らのフォローを頼んだ米国メソジスト監督教会（函館）からの寄付もあり、彼らの夢は明治十四（一八八一）年に実現した。「白官邸《しろかんてい》」と呼ばれる最初の教会は南二条西六丁目、今の道庁の近く二階建ての開拓使旧官舎の半分を使った。一階部分を会堂として改装し、ベンチとオルガンを置き、二階部分は賃貸しの部屋とした。

その間、会員が聖公会とメソジスト教会の二派に分かれて所属していることに疑問をもち、札幌のような小さな街（人口は八千人ほどに増加していた）に二派の分離は不可解なこと、二派が競争する意味はないこと、煩雑な礼拝儀式に束縛されることはないこと、外国人宣教師に頼るのではなく、福音を伝播するのは日本人の役割、との理由で、自らの独立を宣言した。

問題はメソジスト教会からの借金の返済だったが、彼らがすでに卒業して勤めていたこともあり、その涙ぐましい貯蓄の努力と折からのクラークからの寄付もあり、ようやくメソジスト教会への借金を返済した。

内村鑑三は、

——喜びは筆舌に尽くしがたい！

二年間の倹約と勤労の結果、ついにぼくらは教会の借金から解放されたのだ。喜びと感謝で跳びあがるのは当然だった。

と、書いている。

札幌独立キリスト教会は、借金返済のこの日、明治十五年十二月二十八日を「創立記念日」と定めている。クラークが去ってからすでに五年の月日が経っていた。

中に入るとカトリック教会のようにキリスト絵画やマリア像はなく、どこかの大学の教室かオフィスように簡素であった。教会の主管者（ここでは牧師を置かない）、大友浩さんに案内をしていただいた。

講堂は二階にあり数十人が腰かけられる広さだ。白壁とベンチの木目が美しい。

講堂の脇に資料室があり、クラークの塑像、クラークの書いた「イエスを信ずる者の誓約」が額に入って飾られてあった。

クラークの塑像は彫刻家の田嶼碩朗《たじませきろう》による石膏原像で、北大構内の胸像のもととなったものだ。田嶼は福井県三国に生まれ、東京美術学校で高村光雲に師事しており、室生犀星とも親交をもち、東京と札幌にアトリエをもち活躍していた。クラークの胸像は戦時中の金属回収政策で没収され一時姿を消したが、戦後この塑像をもとに復元された。

「イエスを信ずる者の誓約」は細かい筆跡でびっしりと男性的で闊達な文字で書き込まれていた。いかにも学者であり、軍人だったクラークの人柄がにじみ出ている。

大友さんは、

「最初が白官邸、二番目が南三条西六丁目にあった〝アカシアの教会〟、三番目が大通西七丁目〝蔦の教会〟と呼ばれたクラーク記念会堂。それらに続いて、ここは四番目の建物になります。独立教会の功績はキリスト教を外国人の宣教師ではなく日本人の手で日本に広めたことでしょうか。当時欧米から派遣された宣教師らは日本文化の疑問と否定からはじまっていました。だからそれぞれの宣教師の母国の民族文化と宗派の影響が強かったのです。独立教会はそれらに対抗するのではなく、共存する形で、聖書のみと向き合い個々人のキリスト教信仰を高めてゆくのが目的でした」

と、語る。

創立時中心となったのは大島正健（のち農学校教授）だった。しかし、大島は正規の按手礼《あんしゅれい》を受けていないため洗礼聖餐の儀式を行うことには問題が残った。やがて大島は札幌を去ることになるが、その後の教会の在り方を左右したのは内村鑑三の「洗礼晩餐聖餐廃止論」だった。内村は独立、無教会派、民主的な教会をめざすことを提案し、遠く札幌を離れながらも独立教会を支援した。有島武郎は内村と新渡戸の二人の師に導かれ、独立教会ではリーダー格存在となり教会史などを執筆した。

「独立は札幌バンド（クラークの指導のもと入信した札幌農学校の学生たち）の根源的なあり方でした。戦後教会は牧師を置かず、会員が互いに責任を分かち、教会の礼拝、伝道に当たるという原則に立ち返り、信徒による宣教の場という純粋な形になりました。今も牧師は置いていません」

と、大友さんは続けた。

受難のキリスト布教物語

ここでキリスト教の布教について少しおさらいをしておこう。

キリスト教は天文十八（一五四九）年、戦国時代、イエズス会のフランシスコ・ザビエルによって日本にもたらされ、九州を中心に広がった。戦国大名のなかには伴天連《バテレン》（外国人宣教師）に洗礼を受けたキリシタン大名（大友宗麟、大村純忠、高山右近、有馬晴信ら）も出現し、農民を中心に急激に信者を増やしていった。信者の数は最大で七十万人を超えたといわれる。

天下統一をなしとげた豊臣秀吉はその影響力を恐れ、「伴天連追放令」を出し、宣教師を国外へ追放した。続いて徳川秀忠（二代目将軍）が「切支丹禁教令」を出し、以来切支丹《キリシタン》への本格的な弾圧がはじまる。その過酷な圧迫に耐えかねた天草四郎は叛旗を翻し、寛永十四（一六三七）年、島原の乱が起きた。江戸時代最大の一揆となり、半年間続くが天草軍は敗れ三万七千人の教徒全員が戦死を遂げた。

この時点で日本ではキリスト教徒は表面上壊滅したが、一部の教徒は「隠れキリシタン」として細々と信仰をつないでいった。幕藩体制の下ではキリスト教は邪教であり、信者は身を明かせば流刑または死罪だった。

維新政府はキリスト教をどう扱ったのだろうか?

新政府はそれまでの「国」だった藩(それまでは各藩がおらの国だった)を廃止し、天皇を侵すべからざる神として配し、いわば一神教に近い国家神道を成立させた。それゆえ早々に廃仏毀釈を行い、それまで庶民になじんできた仏教を切り捨てたのである。もちろん新政府はキリスト教も邪教として認めなかった。

事件が起こったのは長崎の「浦上四番崩れ」である。

安政五(一八五八)年の日仏修好通商条約に基づき、元治元(一八六四)年在日フランス人は長崎の南山手外国人居留地にカトリック教会の大浦天主堂を建てた。その時パリから派遣されたプティジャン神父のもとへ浦上村から数人の村人がやってきた。そのなかの五十歳過ぎと思われる女性が「私たちはあなた方と同じキリスト教信者です。聖母マリアの像はどこにありますか?」と耳元で囁いたのだ。神父は驚愕した。隠れキリシタンの噂は聞いていたが、二百五十年もの間信仰が続いていたとは信じられなかった。しかも彼らは四旬節(復活祭の前に断食をする期間)を「カナシミセツ」と呼んで守っていたのである。これが「信徒発見」というニュースとなり、世界中に知れ渡った。

ところがその三年後、隠れキリシタンが次々に明るみに出て、高木仙右衛門らが逮捕され、改宗を責められ拷問を受けた。さらにその数は増え、長崎奉行は中央政府に判断を委ねた。中央から官僚が来て、最終的に百十四名を流罪として津和野、萩、福山への移送が決定した。流刑先では棄教のため水責め、火責めなど拷問、私刑を受け、結果的に三千三百九十四人が配流となり、六百六十二人が命を落とした。

ここに在日の各領事館、大使館は政府の判断に対して猛烈な抗議を繰り返し、このニュースは全世界へ広がり、遣欧米使節団の岩倉具視一行の耳にも入った。彼らは不平等条約改定の準備段階で欧州各国を訪問していたが、キリシタン禁止令は条約改正の妨げになると本国政府に打電した。

そうしてようやくキリスト教の解禁は明治六（一八七三）年になされたのである。

幕末から日本へは宣教師らが来ていたが、解禁となると欧米の各宗派は信徒拡大をめざし、多くの宣教師を派遣した。カトリックはもちろん、プロテスタントも聖公会（イギリス国教）、メソジスト、バプティスト、ルーテルなど各派が宣教師を送った。

キリスト教は藩主を失くした武士階級、良家の子女を多く取り込んだ。

良家の子女にはキリスト教は洋服や洋食と同じく新時代の文化潮流のようであり、幕藩体制崩壊で忠誠の対象を失った武士階級の青年たちには新しいキリストという奉仕の目標が生まれた。

日本のプロテスタントの源流は横浜、札幌、熊本で、それぞれ横浜バンド、札幌バンド、熊本バンドと呼ばれている。横浜ではヘボン、ブラウンの宣教師、熊本はジェーンズ教師（のちに同志社の新島襄が引き継ぐ）、札幌はクラークがそれぞれ伝えた教えを継いで青年たちがキリスト教に燃え、藩閥政治の重圧のなかでリベラルな精神を広げていった。

札幌独立教会の玄関を出て、振り返ると、案内板があった。

そこには「創立記念礼拝」（証詞・大友浩）と示され、

――あなたがたはどう思うか。ある人が羊を百匹持っていて、その一匹が迷い出たとすれば、九十九匹を山に残して、迷い出た一匹を探しに行かないだろうか（「マタイによる福音書〈十八章一～十四節〉」）

という聖書の一文が書かれてあった。主官者・大友さんの講話のようだ。

イエス・キリストは隣人を愛せといい、弱きもの、貧しきものに手をさしのべた。

かつて天草の農民は打ち続く飢饉や重税に苦しみ、どん底の生活を送っていた。神（デウス）は彼らに救いの手を差しのべた。彼らは自らを守る神のために戦った。

時代が変わり明治となり藩主を失くした若者たちが生きる目標を失ったこととも状況は似ている。国家神道が浸透する中でも彼らは外来文化を吸収し、博愛と慈悲を伝える「神」を新たに見出した。内村鑑三、新渡戸稲造、有島武郎もそうした青年の一人だった。

〝迷える子羊～ストレイ・シープ〟は明治のインテリの流行語だったことを思い出した。

第五章　ボーイズ、ビー、アンビシャス

クラークの夢と挫折

北海道の冬の夜空を仰げば満天の星々がさんざめく。なかでもひときわ光彩を放つのがW字の形、五つの星で形作られるカシオペア座だ。カシオペアは北の国のシンボルスターだ。五つの星は新渡戸稲造、内村鑑三、有島武郎、宮部金吾、佐藤昌介に例えられないだろうか。彼らは札幌農学校、ひいては北海道が生んだ巨星であり、日本人の近代精神の扉を押し開いた男たちだ。軍国主義一辺倒の時代にリベラルな精神を培い、世界的な視野で自国の歴史を捉え、近未来の日本を予見した数少ない功労者である。

カシオペアのWの両辺を結んだ先に北極星がある。その北極星こそウィリアム・S・クラークではなかったか。クラークは明治開拓期の北海道にリベラリズム（自由主義）とキリスト教を導入した。札幌農学校という農業技術者養成を目的とした特殊な学校を当時の日本には存在しなかったリベラル・アーツ（全人教育）の学校にしたのはクラークの功績だった。だからこそ農業技術専門家ではない五つの巨星が生まれた。

この章ではその後のクラークを追ってみよう。

札幌までのクラークの栄光に包まれた半生に比べ、帰国後のクラークは不運だった。

一八七七年、夏の盛りにアマーストに帰った彼は休む間もなく精力的に講演を行った。知られざる日本、さらには北の開拓地、北海道のこと。若き学生らとの語らいと布教精神に燃えた農学校の日々。満場の人々はクラークの〝冒険談〟に酔いしれた。聴衆はほとんどがピューリタンの末裔である。異教徒の国、見知らぬ極東の島にキリストの光が届いた。クラークが神に太平洋を渡らせたのである。

ところが彼が学長だったマサチューセッツ農科大学内に吹く風は冷たかった。クラークが訪日する前から大学の財務は厳しかったが、不在の間にさらに経営は悪化していた。

学内では理事会を中心にクラークへの非難の声が高まっていた。

一八七九年五月、クラークはマサチューセッツ農科大学を辞任した。五十二歳だった。

新しい企画がニューヨークから飛び込んできたのである。その企画とは〝洋上大学〟（フローティング・カレッジ）の構想だった。

ニューヨークの実業家で富豪のジェイムズ・ウッドラフが、大型船を丸ごと大学に仕立て、七つの海を渡り、科学探検旅行を行おう、というものだった。クラークの名声を知るに及び洋上大学の学長にとの打診があった。

計画は二年半をかけて地球を一周しようとするもので、その間、船を移動大学に見立て、クラークはじめ十人の教授が乗り込み、歴史、教養、自然博物学、天文、鉱物工学などの講義をし、授業内容はアマースト大学に劣らぬものにする、というものだった。募集乗船客は三百人。参加費用は二千五百ドル。この時代、アメリカは資本主義が急速に発達し、事業の成功で富豪が現出していた。鉄鋼王のカーネギー、石油王のロックフェラー、鉱山王のグッゲンハイムなどがアメリカン・ドリームを実現し、蓄財を慈善事業につぎ込んでいた。ウッドラフも科学探検目的の大学を創出して社会に貢献する、というピューリタン精神の持ち主だったのかもしれない（洋上大学は非営利事業を建前としていた）。

クラークはウッドラフの夢に乗った。

十九世紀のことである。今でこそ世界一周の船旅は商品化されているが、そのころは飛行機も未発達の時代、しかも世は激動の時代で植民地争奪戦のさなかである。テレビなどのメディアはなく、世界の最新事情をリアルタイムで見聞する機会はほとんどなかった。洋上大学企画は富裕層の増大したアメリカでは画期的な企画だったに違いない。

クラークは精力的に募集活動に力を入れ、得意の弁舌をふるい、世界航海への夢を語った。

しかし、話題性はあったが実際には応募数は思うように伸びなかった。そのうえ主催者のウッドラフが急死するという不運に見舞われた。クラークは洋上に夢を描いただけで終わったのであった。

悪夢だった鉱山事業

クラークの野望は次には鉱山事業に向かった。

この時代のアメリカは俗に〝金ピカ〟時代と呼ばれている。

南北戦争が終わり、それに続く産業革命で一躍大富豪にのし上がった成金たちが出現し、湯水のように金を使い、ニューヨークには彼らの大邸宅や摩天楼が建造され一獲千金も夢ではない風潮が高まっていた。

そうした光景を眺めながらクラークはふたたび野望に燃えたのだった。

一八四八年、カリフォルニアでの金鉱発見以来、黄金伝説はアメリカ西部各州に及び、ネヴァダやコロラドではその後も銀鉱の発掘が続いていた。西部へ行けばどこかに鉱石がころがっていると誰もが憶測した時代である。

もともとクラークは少年時代から鉱物コレクターだった。ドイツのゲッティンゲン大学で得た博士号も鉱物学だった。石狩炭田が発見された時、運搬ルートを決める判断を黒田清隆や榎本武揚に求められ、三笠（石狩炭田の基地）から鉄道路線を敷き、札幌経由で小樽港へのルートを提案したほど鉱山事業には関心があった。

一八八〇年、クラークはニューヨークで知り合ったジョン・ボズウェルと意気投合し、ネヴァダ州に鉱山をもち、スターグローヴ銀山会社を創業した。ボズウェルは「鉱山毎日新聞」の発行人であり、クラークはこの新聞の愛読者だったことが二人を繋いだようだ。クラークが社長となり資金調達、投資家を探す役割を担い、ボズウェルが事務局長だった。この会社の出だしはよく、さらにクラーク・ボズウエル証券株式会社を設立し、北はカナダ、南はメキシコまでの七つの鉱山を手中にし、投資目当ての証券を売り出し〝黄金伝説〟に挑戦したのである。

自らの土地、建物を抵当にして銀行から資金を調達し、さらにはアマーストの住民に投資を呼びかけた。クラークはアマースト大学教授でありマサチューセッツ農科大学の学長だった。ペテン師があらぬ夢を買わせようとしているのではない。アマーストの住民はクラークの人格、業績を知っており、クラークの夢にのり多くの住民が投資した。もちろんアマースト大学の教授連も投資した。

世は金ピカ時代、誰かが思わぬ金脈をみつけ大富豪が誕生している。クラークの夢に賭けた大衆の心情は無理なきことである。

凶事が二度続くとは当のクラークも思わなかったに違いない。彼は皆を金持ちにすること、豊かなアマーストの町づくりに貢献したい、とかねがね思っていた。ところがなかなか銀の鉱脈は見つからず、事業が長引くなかでパートナーのボズウェル（元陸軍中尉で、軍の資金を横領して軍法会議にかけられ有罪となった前歴がある）が逃亡、あげくの果てに会社は倒産に追い込まれ、たちまちのうちにクラークは無産者となった。

町民らには投資した株券が紙屑同然となってしまった。クラークへの尊敬は罵倒に変わった。多大な投資をした叔父はクラークを詐欺師として裁判所に訴えた。

非難を受ける心痛と裁判所に通う心労がたたり心臓病が発覚した。孤立したクラークは病床に伏した。

神はクラークを見捨てたかのごとくだ。クラークの最後の ambition はもろくも崩れ去ったのだ。

クラークは失意と孤独の中に晩年を過ごすことになる。

クラークの名が栄光から地に落ちたのは帰国からわずか四年後のことだった。

クラークの実像をめぐって

ジョン・エム・マキ著『W・S・クラーク〜その栄光と挫折』（北海道大学図書刊行会）は栄光あるクラーク像を覆し、関係者に衝撃が走った。

それまでのクラークは地元ウィリストン高校を優秀な成績で卒業し、マサチューセッツ州の名門校だったアマースト大学へ。さらにドイツ留学で博士号を取得し、母校のアマースト大学の教授に迎えられた。学識者にとっては夢のような昇級だった。さらには在学中南北戦争に少佐として義勇軍に参加し、かずかずの戦勝を重ね大佐へと昇格した。地元では「コロネル（大佐）」と呼ばれて尊敬された。アマースト大学へ戻った彼は、さらにマサチューセッツ農科大学の誘致運動の中心人物となり、創立後はその学長を務めた。さらに日本の札幌農学校のプレジデント（教頭）に招聘される、という栄光の道を歩んだ。

クラークの情熱、物事を遂行する実行力、困難に立ち向かう勇気、人々を説得、魅了させる雄弁さ……それらクラークのもつ能力は比類なきものであった。

というのがこれまでの定説であり、それが〝クラーク伝説〟ともなった。

しかし、マキは、

――「偉大な」という言葉のいかなる意味においても、クラークはおよそ偉大な人ではなかった。

と書く。さらに、

――札幌農学校においても、彼の果たした役割に「偉大な」という形容詞を付すことはできない。（中略）彼の札幌農学校における在職期間は短かすぎ、創設者としてならともかく、そこの教頭（プレジデント）としての業績の評価は無理であると言わねばならない。

と、手厳しい。

北海道の評論誌『月刊ダン』（北海道新聞社発行）は、「〝クラーク神話〟を覆す衝撃の書！　米人学者が書いた『クラーク博士の栄光と挫折』」という見出しで、すぐさま特集を組んだ（一九七八年三月号）。その序文には、

――人間としてのクラークは偉大でもなんでもなかった。学者としては凡庸であり、晩年は詐欺師の汚名を着て失意のうちに死んだ。日本における博士に対する過大な評価は改められるべきで

ある。

と、述べる。

それまでの〝クラーク伝説〟が根本から崩れ落ちたのだ。

クラークの評伝は『クラーク先生とその弟子たち』(大島正健)、『クラーク先生詳伝』(逢坂信忢)があるが、いずれも私淑する教え子たちが書いたものなので、札幌時代のクラークの逸話が中心となっており、クラーク讃美に終わっている。

ジョン・エム・マキはアメリカ西海岸、ワシントン州に一九〇九年に生まれた日系二世で、ハーバード大学で博士号を取得、母校のワシントン大学で教鞭をとり、一九六六年以降、マサチューセッツ大学で政治学の教授をしている。日米文化交流史に通じており、明治時代の日本語資料を解読できるという俊才である。クラークの生涯を同じ大学の教授という立場で書くという点では他の追随を許さない存在、といえるだろう。しかも札幌を去ってからの資料はクラーク自身の手紙か地方新聞の記事によるしかなく、細部にわたり実証的に読み解いた彼の評伝は資料としてもっとも重要だろう。

日本人には「ボーイズ、ビー、アンビシャス」の言葉で、あれほど知られた人物が、なぜ本国ではさほどの評価を受けていないのか?　というのがマキの本書を書く動機となっているようだ。

クラークが学長を務めたマサチューセッツ大学(アマースト校)の一角には赤レンガ造りの「クラーク・ホール」と称する建物がある。しかしこの建物の周囲を行き交う学生らはクラークがいかなる人物であったか、誰一人として知らない。大学のキャンパスの二キロほど西にはアマースト西共同墓地があり、そこにはクラーク家の墓がある。クラークもそこに眠っている。しかしこの墓地の訪問者に米国人の姿はなく、ほとんどが日本からの旅行者である。

日米のクラーク評価の格差がマキの興味をそそり、自らの日本との関わりから好奇心が駆り立てられ、本著を書く動機となったのは想像に難くない。

本著が発行されてから、クラークの負の面が強調される記事が多く出始めた。「日本へ出稼ぎにきたクラーク」、「泥酔してドブに落ちて死んだクラーク」「詐欺師だったクラーク」等々である。インテリの間にも「明治の官僚は弁の立つクラークに騙されたのだ」というような発言が多くなったのは事実だ。いずれもクラークが鉱山事業で失敗したという、一攫千金の〝山師〟イメージが影響しており、ambition という言葉は、実はクラークの〝腹黒い野心〟だったという解釈が現在もウェブサイトなどで語られている。

『札幌農学校とキリスト教』の著者、大山綱夫さんは元北星短期大学の学長で、アマースト大学にも留学した経験がありマキ教授とも面識があった。

現在は川崎市南生田にお住まいがあり訪ねて行った。年齢は八十歳半ばだろうか、痩身だが背筋は伸び、シックなセーターを召されていて、いかにもジェントルマンを感じさせる人物だった。

「不思議なんですが、マキ教授の『クラーク〜その栄光と挫折』が発刊されたのは、昭和五十三年のことです。この本はアメリカ本国では出版されていません。ところが平成元年になって、Hokkaido University Press から、さらに平成十四年に Lexington Books から英文書が発行されているんです。後者二つはまったく同じものですが、そこでは〝クラーク批判〟がすっかり削除されています」

大山さんによるとマキのクラーク本は四冊あり、最初の原本はタイプ印刷で製本したもの。次が北大図書刊行会が市販している現在の翻訳もの（仮に昭和版とする）。三冊目、四冊目が新しい英文の平成版ともいえるものだ。大山さんが直接マキ教授にそのあたりの事情を聞くと、マキ教授は、「今の英文書（平成版）が正しいもので、英文書は改訂版ではなく原本と変わりがない」との発言だったようだ。

とすれば、クラーク伝説に疑問を呈した翻訳本の昭和版は何だったのだろうか？『クラーク～その栄光と挫折』の訳者のあとがきを読むと、一九七六（昭和五十一）年、北大百周年祝賀会の折、マキ教授が北大を訪れ、彼が〝祝いのための贈物〟として持参したタイプ印刷の原本を北大図書刊行会が翻訳出版したと書かれてある。そうであるならば、新しい英文版は「改訂版」と言うべきではないか。あるいは北大図書刊行会がタイプ印刷の原本を本人の校閲がないまま出版してしまい、その後本人が北大図書刊行会に苦情を申し出て、英文の平成版を出させたのか、ならばなぜ北大図書刊行会はその新しい翻訳本を刊行しないのか、あるいは北大図書刊行会からマキ教授へ改訂版の要請をして、本人が〝批判文〟を削除したのか？　なんだかミステリアスなことになっている。おまけに英語の新版では北海道大学とマサチューセッツ大学が姉妹校として発展したこと、北海道とマサチューセッツ州が姉妹道州になったことなど、その後のクラークの功績も称えている。

つまり批判部分はすべて削除され、クラークの正統派の〝栄光の評伝〟となっているのだ。

大山さんは、「今のままでは日本語版を読む人と英語版を読む人がまったく反対の印象をもってしまいます。マキ教授が英語版がオリジナルと主張する以上、現在市販されている日本語版の一部を新しい翻訳にかえることが必要だと思います」と語る。

私も同感である。マキの日本語版はそれまでの〝クラーク伝説〟を突き崩すほど衝撃的だった。しかし日本では有名なのにアメリカでは無名の人というマキの論法は正しいとは思えない。人の業績は場所とその時代で語られるべきもので、国によって評価が異なるのは当然のことである。たとえばラフカディオ・ハーンは日本では小泉八雲という作家として有名であるが、アメリカでのハーンはさほど文壇で知られた人ではない。マキは日系人教授としてある種やっかみ、羨望《せんぼう》があったのではないか、とさえ臆測される。

大山さんによれば、メイフラワー号の到着から現代に至るまでの州史の啓蒙書“Massachusetts From Colony to Commonwealth An Illustrated Historiy（2002）”にはクラークが一ページで紹介され、さらに別ページでもマサチューセッツ州の未来を切り拓いた人物として紹介されているという。啓蒙書といえども通史を図版で紐解いた教養書で、クラークは正しく歴史上の人物として登場している。

推測するに、晩年の鉱山事業の失敗、裁判などあり、公にするのがはばかられていたクラークが時を経て、世界情勢が変わり、日米が接近する中でクラークの業績が再認識されたのではなかろうか。そこでマキ教授は時代の実情に合わせ批判部分を削除したのだろう。ちなみにマサチューセッツ大学のホームページには大学創立の功績者として、同時に札幌農学校での業績とともに'Boys, be ambitious'の言葉も紹介されている。またアマースト大学のホームページの母校出身の有名人のリストにもクラークは掲載されている。

栄光のクラークは現在アメリカ、マサチューセッツ州で正当に評価され復活したのである。

青年よ、大志を抱け、この老人のごとく

クラークが学生たちとの別れの際に残した'Boys, be ambitious'の言葉は金言となって世に広がった。だがその〝馬上の訓言〟が一般に知られるようになったのはかなり時が経ってからのようである。

文献として最初に表れたのは、明治二十七（一八九四）年発行の農学校同窓会誌『恵林』十三号で安東幾三郎が書いた「ウヰリヤム・クラーク」という連載記事だった。クラークに直接教わった一期生からの聞き書きを基に安東がまとめたものと言われる（クラークが去ってから十七年後のことだ）。

安東は、別れの言葉を「Boys, be ambitious, like this old man（子供等よ、此老人の如く大望にぁれ）」と訳している。

Boysを「子供等よ」と訳しているところがいかにも大時代を感じさせる。Boysは子どもばかりではなく、西部劇のカウボーイでも知られるように、一般に目下の若い人に対して使われているのである（軍隊での兵士は年齢にかかわらず、上官からボーイズと呼ばれている）。

この言葉が劇的な効果をもって表現されたのは第一期生の大島正健によるところが大きい。

大島は『クラーク先生とその弟子たち』の中で、

——先生をかこんで別れがたなの物語にふけっている教え子達一人一人その顔をのぞき込んで、「どうか一枚の葉書でよいから時折消息を頼む。常に祈ることを忘れないように。ではいよいよ御別れじゃ、元気に暮らせよ。」

といわれて生徒と一人一人握手をかわすなりヒラリと馬背に跨り、

"Boys, be ambitious"

と叫ぶなり長鞭を馬腹にあて、雪泥を蹴って疎林のかなたへ姿をかき消された。

とある。

これがいわゆる〝馬上の訓言〟となって全国に伝わった。

ただし、この本も初版は昭和十二年なので、教壇に立っていた大島がそれ以前に学生たちに口頭で伝えていたのだろうが、おそらく大島は'Boys, be ambitious'と原語で語っていたはずで、「青年よ、大志を抱け」とは言っていないはずである。

大島は晩年、病院のベッドの上で息子の大島正満さんに口述し、『クラーク先生とその弟子たち』を筆記させた。大島は自らをクラークの第一弟子と自負し、札幌独立教会の初代牧師を務め、内村鑑三を終生の友として彼を支えた人だった。母校・農学校の教授、同志社教授を歴任し、晩年は山梨県の甲府中学（旧制）の校長をしているが、その教え子のひとりがのちの総理大臣となる石橋湛山だった。石橋は生涯にわたり座右の銘を「Boys, be ambitous」としており、その縁があって現在の山梨県立甲府第一高等学校では今も校訓は'Boys, be ambitious'である。

島松の駅逓

令和四（二〇二二）年十月、別れの現場となった旧島松駅逓所（北広島市）へ行った。

旧島松駅逓所は札幌の郊外、南西二十四キロのところにあり、札幌と恵庭《えにわ》市を結ぶ国道三六号に面している。

中秋のころで、日差しは暖かく、イチョウやモミジが紅葉し、エゾ松などの常緑樹と混じり合い赤黄緑の三色染めのような穏やかな野の風景だった。傍らを澄み切った島松川が音もなく流れる。

広場の中央にクラーク記念塔が立ち、大きな睡蓮《すいれん》（ヴィクトリア・レギア。この花をロンドンではじめて見たクラークは感動し植物学を研修した）の花輪の中にクラークの横顔が彫られている。「青年よ大志を懐け」の文字があり、「昭和二十五年、クラーク奨学会発起人代表　宮部金吾」と記されていた。

島松駅逓は明治六（一八七三）年、札幌本道が開通した折、旅人の便宜を図るため設置された。黒田清隆がアメリカ製の四頭立ての馬車に乗り札幌へ向かったのもこの道だった。

駅逓は大きな木造平屋、板葺きの民家で、地主の中山久蔵の家だった。かつて北海道を巡行した明治天皇の行在所《あんざいしょ》ともなったところで、今は国の史跡に指定され内部も見学できる。ここでクラークは学生らに別れを告げたのであるが、現地では、

'Boys, be ambitious, like this old man'

と、正確にクラークの言葉が伝えられており、old man とは中山久蔵のことだ、と説明されていた。中山久蔵は大阪河内から着のみ着のまま入植し、苦難の末に北海道で最初に稲の寒地栽培に成功した人だ。赤毛種の稲を使い、寒さを和らげるために風呂の湯を流して苗の保温をして実りを得た。今では「きらら397」、「ゆめぴりか」など北海道米はブランドとなっているが、その最初の寒冷品種を育てた功労者である。当時はすでに老齢であり、駅逓所内で展示される絵画では、久蔵は窓から温和な顔を出してクラークを見送っている。

クラークは自分と久蔵を重ねて、言い残したのかもしれない。

伝統的な寮歌にも歌われた。

北大寮歌「都ぞ弥生」（横山芳介作詞、赤城顕次作曲）は明治四十五年の作で、その五番の歌詞には、「貴《とうと》き野心の訓《おし》へ培《つちか》ひ」とある。このころには、学内では'Boys, be ambitious'のクラークの言葉が一般学生にも浸透していたようだ。

しかし、「青年よ、大志を抱け」――この〝名訳〟は一体どこでいつ生まれたのだろうか？

北大文書館の井上高聰准教授を訪ねた。

文書館は札幌農学校時代から現在に至るまでの大学の歴史的文書・資料が収められている。館内は

自由に見学でき、農学校時代の新渡戸や内村の成績表、手紙、学生らの日記、研究ノート、明治時代の校舎の写真などが展示されている。一九七〇年代、私が在学中に起きた学園紛争の全共闘ヘルメットなども展示され、ふと、当時の高揚した気分が伝わってきた。

井上さんはさまざまな本や資料を出してくれたが、最後に見せていただいたのが全国の尋常小学校で使われていた国定教科書『小學國語讀本』(昭和十三年)だった。

巻十一には「北海道」と題する章があり、主人公の少年とその叔父の北海道旅行がテーマとなっており、クラークの胸像を眺めながら、叔父が、「少年よ、大志を抱け!」と、'Boys, be ambitious'というクラークの言葉を甥の少年に訳して伝えている。

おそらくこの教科書により、この名訳が全国に広がったのではないか、と井上さんは推測する。すっかり明治の言葉だと思っていたが、案外歴史は浅いのであった。

一方、Boys be ambitious. Be ambitious not for money or for selfish aggrandizement,not for that evanescent thing which men call fame. Be ambitious for the attainment of all that a man ought to be.(青年よ大志をもて。それは金銭や我欲のためにではなく、また人呼んで名声という空しいもののためであってもならない。人間として当然そなえていなければならぬあらゆることを成しとげるために大志をもて)という説もある。

朝日新聞の「天声人語」(昭和三十九年三月十六日付)に掲載されたものでこの頃には入学、就職シーズンには頻繁に使われていたようだ。しかし、この言葉はクラーク自身のものではなく、農学校予科英語教師で宣教師でもあったポール・ローランドが、自分の思いを重ねて創作したものであることがのちに判明している。

お金を稼ぐこと、信徒の経済活動に関して聖書は一切否定していない。

ピューリタンは勤勉で清楚な暮らしを実践しているが、金銭的活動に関してはむしろ積極的である。アメリカの多くのキリスト教徒は一生懸命働いて貯蓄し、やがて資産家となることは夢であり、自らが貯めた資金を社会奉仕や慈善事業に使うことを美徳としている。前述したカーネギー、ロックフェラー然りである。新渡戸が留学した大学の創始者ジョンズ・ホプキンズはクエーカー教徒で富豪だったが、贅沢を嫌い電車には乗らず歩いて運賃を貯めるというほどの倹約家だった。それは将来大学や病院を作り社会奉仕したいという自らの夢の実現のためだった。蓄えた財産を社会福祉事業に献金するという行為はキリスト教精神では美徳である。神はその功績を見届けてくれるのである。

アメリカの今日の資本主義の根底をつくったのが、この清教徒精神だといえるだろう。ドイツが生んだ近代社会学者、マックス・ウェーバーが「勤勉と質素を基調とするプロテスタント的な生活スタイルは必然的に金が溜まるシステムだ」と論じている通りである。アメリカの企業は利益を社会に奉仕するという理念が底辺にあり、企業は具体的な社会奉仕活動を公表するという義務を負っている。

クラークは学生らの農業実習には賃金を払うことを開拓使に約束させている。学生らは賃金（一時間につき五銭＝現在価格で五百円）を得ており、また優秀な成績者には賞金を出すことも約束させている。学生らに勤労に対する経済意識をもたせたのだ。

そうした意味で、クラークの言うambitionは経済活動も含まれていると理解するのが自然である。

だから彼は鉱山事業（この時代アメリカでは鉄道と並ぶ国家的事業でもあった）に踏み出したのである。決して一攫千金が目当ての〝山師〟ではない。クラークが市民に出資、投資を呼びかけたのも、自分ひとりではなく皆が潤うためだった、と再三自らの日記に残している。

クラークにとってambitionという言葉は「大志」という大げさな哲学的な意味をおそらくもっていなかった。'Boys, be ambitious'という言葉はイディオム（慣用語）かスラング（俗語）のような使われ方で、ニューイングランド地方では古くからあるごくありふれた言葉だったような気がする。

『アメリカの食卓』の著者、本間千枝子さんはニューイングランドに暮らしていた時、料理教室の女性の先生が、口癖のように「ガールズ・ビー・アンビシャス」と言いながら調理指導するのを聞いて、クラークの言葉の意味とあまりにも隔たりがあるので不思議がっている。これもある北大教官から聞いた話だが、女子留学生にキャンパスを案内した時、留学生がトイレに行って、事をなす目の前に'Girls, be ambitious'と大書されていた、と大笑いしたことがあったそうだ。

第三章で紹介した長野県穂高の相馬愛蔵の妻、のちに新宿中村屋を開業する相馬黒光は仙台出身で、宮城女学校時代には「アンビシャス・ガール」の渾名で呼ばれていた。明治二十四年頃のことである。宮城女学校はミッション系の学校だから、英語は身近だったろうが、クラークのアンビシャスという言葉がそのころすでに若い世代には口伝で伝わっていたのだろうか。あるいはアメリカから来た宣教師が黒光の男子まがいの行動的な言動を揶揄したのかもしれない（相馬黒光は不思議な縁で有島、内村ともつながっている。有島の代表作『或る女』のヒロイン・早月葉子のモデルといわれる佐々城信子は黒光の仙台の女学校時代の親友だった。有島は佐々城信子を渡米時、横浜まで送っている。内村は角筈《つのはず》の自宅から近い新宿中村屋の文化サロンの常連で、宗教的理由から夫の愛蔵に洋酒販売をやめさせたというエピソードが残っている）。

これは仄聞だが、昭和六十二（一九八七）年、当時の北海道知事・横路孝弘さんがマサチューセッツ大学の名誉博士号（法学）を授与された折、かの地で講演をしたことがあった。

知事はクラーク博士がいかに北海道開拓に貢献したか、別れの言葉'Boys, be ambitious'がどれだけ日本の若者たちに勇気を与えたか計り知れないと、賛辞を述べたとき、聴衆からどっと笑いが巻き起こったという。

その当時、この言葉は札幌でいえば、

「お前、大通公園に行って、女の子ひっかけて来いよ」

という意味ほどのスラングらしいとのことだった。

言葉は時代とともに流転する。

「青年よ、大志を抱け！」――言葉は時代の産物であり、時代が言葉を掴み永遠のものとした（青年という言葉も明治に生まれ、その後月刊誌「新青年」が流行させた）。

'Boys, be ambitious'――この言葉はクラークのオリジナルではなく、開拓時代のニューイングランドで清教徒の末裔らが日常的に使っていた言葉のように思える。

少し前でいえば、映画『スターウォーズ』の流行り言葉、

'May the Force be with you'

に近いかもしれない。

おそらく、「わしも頑張るから、君たちもケッパレ（頑張れ）よ！」

くらいの意味だったのではなかったか。

しかし、その言葉が霊（スピリット）となり、時代を大きくつかんだのである。

内村鑑三は昭和二（一九二七）年九月二十七日、北大でBoys be ambitiousという演題で講演を行

った。以下、少々長いが内村の雄弁ぶりが伝わる内容なので引用する。

――「ボーイズ、ビー、アンビシャス」の精神は、先生（クラーク）の生国すなわちニューイングランドにはこの精神が充ち満ちていて、その精神的環境の中から、ブライアント、トロー（ソロー）、エマソンのごとき偉人を生み、また先生を生んだのである。

そのニューイングランドのピューリタンの意気が、先生を通してこの言葉となったのであって、この簡単な言葉の背後に全ニューイングランドがあるを考える時に、これ実に意味深い言葉となるのである。札幌の今日あるを得たのは、クラーク先生を通してニューイングランドの気風が大いに貢献したところあるを思うときに、札幌はいっそう貴いものになる。（中略）

それについて今思い出すのは、エマソンの言葉に'Hitch your wheels to a star.'（なんじの車を星につなげ）というのがあるが、これは「望みを高くいだけ」ということで、クラーク先生が「ボーイズ・ビー・アンビシャス」と平易に言うたことを詩的に言い表したのであって、全く同精神に出ている。（中略）

それなら、あなたはどうであるかと、諸君は言われるかも知れない。われわれは自分の車をそれぞれ種々な星につないで、どうにかこうにか、ある所まで、若い時にいだいたアンビションを成し遂げて来ていることを、諸君にお話することができる。

まず第一に佐藤（昌介）総長である。今日この札幌において、広大な大学の組織が完備に近づいて来たのは、ひとえに総長閣下の努力のたまものである。ドクトル佐藤は今日なお「アンビシャス・ボーイ」であって、彼の車をつないだ星にますます近づかんとしておられる。

宮部（金吾）先生は私とは同窓同室の最も親しい友人であって、かつて一度もけんかしたことのない君子であるが、世界植物学者と伍して遜色のないりっぱな方であることは、諸君すでに熟知のことである。Dr. Miyabe hitched his wheel to the botanical star である。

新渡戸稲造君は学校時代から何かなすだろうと期待されたものであるが、ジュネーブで理事長（正しくは事務局次長）の仕事を勤められ、各国人の中に伍しながら令名を博せられた。ドクトル新渡戸もまた彼の車を善い星につないだのである。

さて不肖私が私の生涯の車をつないだ星は実は二つあった。その一つは魚類学であって、私は学校では水産に趣味を持ち、卒業論文には"Fishery as Science"を書いたのである。魚類学に次いで私は漁労学を学んだ。これを今日まで持続しておったならば、あるいは当大学の水産学の講座を受け持つようになっておったかも知れない。ところが幸か不幸か、私はもう一つ他の星に私の車をつないでおったのであって、その星とは、「キリスト教を純日本人のものとなし、これをもって日本を救い、かつ世界における日本国の使命を果たさしめん」とするアンビションであった。そしてこの方がとうとう本物になってしまった。今日になって見ると、私もまた自分の若い時にいだいた理想をどうにかこうにか実現することができたと諸君に申し上げることができるのである。（中略）

諸君よ、諸君もまた今の時代に諸君の車を星につなぐべきである。今この講堂の前に胸像となっておられるクラーク先生が、仮りに私の姿として、この壇上に諸君に向かって立っているとして、私は先生に代わって、もう一度、諸君に向かって叫ぶ。

ボーイズ・ビー・アンビシャス！

『内村鑑三信仰著作全集第二十巻』（教文館）

会場を埋める三千人の聴講生、関係者から拍手が鳴りやまなかった。

クラークは生涯札幌のことは忘れず、教え子らと文通を続けており、佐藤昌介や内田瀞らに必ず返事を送っている。そこには慈愛に満ちた父親のような人柄がにじみ出ており、人生を諭す言葉が散りばめられている。また彼らが興した札幌基督教会（のちの札幌独立教会）にも寄付を送っている。

クラークは一八八六（明治十九）年、五十九歳でひとり淋しく他界した。

最後の言葉は、

——今自分の一生を回想するに　誇るに足るような事は何もなかった。ただ日本札幌に於いて数カ月間日本の青年に聖書を教えた事を思うと聊《いささ》か心を安んずるに足る。

（大島正健『クラーク先生とその弟子たち』教文館）

だった。

クラークは自分の残した「ボーイズ、ビー、アンビシャス」という言葉と「クラーク博士」の名が日本全国津々浦々の青年の胸に刻みこまれたことは、生涯知ることがなかったのである。

第六章　有島武郎、わが青春の札幌

白いマンサード屋根の家

有島武郎は今も札幌市民に愛されている。

書店をのぞくと有島作品が特集陳列されているし、「有島青少年文芸賞」（北海道新聞社主催）も継続している。有島が創設した「黒百合会」は北大美術部の別称として今も健在で、ＯＢ主催の作品展覧会も盛んだ。

ちなみに昨今ベストセラーとなり話題を集めた渡辺淳一の『失楽園』は不倫関係となった男女が〝絶対愛〟をもとめ、最終的に死を選ぶという物語だが、有島の情死事件を現代風のテーマに焼き直した、と渡辺自身が語っている。

北海道、文学、有島というイメージは今も根強く市民の記憶に留まっている。

とまれ札幌の中心、大通公園は市民最大の憩いの場で、そこにも有島の文学碑が建っていた。

幅三メートル、高さは一・五メートルほどあろうか、大きな花崗岩の壁石に藤川叢三《そうぞう》作の両手をあげる子どもとそれを見守る母親のブロンズ像が嵌め込まれている。

——小さき者よ　不幸なそして同時に幸福なおまえたちの父と母との祝福を胸にしめて人の世の

旅に登れ　前途は遠いそして暗い　しかしおそれてはならぬ　おそれない者の前に道は開ける
行け　勇んで　小さき者よ

有島武郎の『小さき者へ』の一文が刻まれ、武者小路実篤が書をしたため、題字は半澤洵が揮毫、没後四十年に建立した、と案内文に書かれてあった。

武者小路実篤は志賀直哉と並び文芸誌『白樺』の中心人物で、学習院の同窓生を中心とした文芸グループを結成した。白樺派は人道主義、理想主義、個人主義を掲げ、近代文学の一大潮流をなしていた。有島武郎、有島生馬、里見弴の三兄弟も参加している。武者小路は有島の農科大学教師時代に札幌を訪ね、当時有島が依拠していた恵迪寮《けいてきりよう》（農科大学の寮）に泊まっている。

揮毫した半澤洵は有島と札幌農学校の同期生で、北大教授となり、細菌研究の先駆者となり、〝納豆博士〟として知られた人だ。新渡戸夫妻亡きあとその志を継ぎ、「遠友《えんゆう》夜学校」の校長になった。碑の寄贈者は有島武郎記念会となっており、おそらく有島と親しかった半澤が指導したのではないかと思われた。

大通駅から地下鉄南北線に乗り、二つ目、北12条駅で降りる。

地上出口に近い北十二条西三丁目通りの角、N12ビルの前に小さなスペースがあり、そこに有島武郎邸跡の碑が建っている。公園でもなんでもない私有地のようなところだ。アカシアの木の下に自然石が置かれ、晩年の眼鏡をかけた有島のレリーフがある。その碑文には、

――「細君は中々いゝものさ。君も早く結婚し給へ」
と仰有るやうに　私はなりたい。

有島安子遺稿集『松むし』より

とあった。

大正二年ごろに有島夫婦が住んでいた旧邸の跡で、以下に紹介する「札幌芸術の森」の一角にある「有島武郎旧邸」（マンサード屋根のある西洋館）が建っていたところだ。

有島は当時、農科大学（札幌農学校は明治四十年、東北帝国大学農科大学となる）で英語を教えていたが、妻の安子の肺炎が発見され、転地療法のため暖かい鎌倉へ行くこととなり、大学に辞表を出した。安子は大正五（一九一六）年八月二日、平塚の病院で亡くなった。発病してから二年後のことだった。

——安子が死んでから札幌の荒れ果てた家に入つた時ほど悲しく思つた事はなかつた。何といふ寒さと淋しさだらう。

（大正五年十月二十六日付、足助素一宛書簡）

札幌市郊外にある「札幌芸術の森」は美術館を中心とした複合文化施設で、市民のよき散歩の公園、憩いの場となっている。その一角に「有島武郎旧邸」があった。

緑の樹木に囲まれて白いマンサード屋根（腰折れ屋根）を配し、お洒落な三角屋根、玄関棟、えんじ色の板壁という趣のある西洋館はいかにも大正モダニズムの明るく自由な気風を感じさせる。パンフレットによれば、新居建築にあたり、有島自らが設計構想を練ったらしい。一階には食堂、書生部屋、浴室、サンポーチ、二階は応接間、客室、書斎となっており、和洋折衷の広々した、いかにもモダンボーイ・有島武郎好みの邸宅だ。

館内には資料が多く展示され、有島の両親、安子との結婚式、三人の子どもとの写真や自筆の原稿類、有島が発行した『泉』誌、スイスで知り合い長らく文通の続いた少女、ティルダ・ヘックの肖像画、弟の有島生馬が描いた武郎の肖像画、軽井沢情死事件の新聞記事など有島ファンには必見だろう。

お坊ちゃんが北の原野へ来た

有島武郎の出自は新渡戸稲造、内村鑑三とはまったく異なっている。

有島武郎は明治十一（一八七八）年、東京の小石川に、父・武、母・幸の長男として生まれた。のちに西洋画家となる有島生馬、小説家となる里見弴は実弟である。

父親の武は薩摩藩の支藩・平佐藩領主北郷《ほんごう》家に仕える武士の出身で、若いころは文書係や軍馬役などしていたが幕末の動乱、戊辰戦争で頭角を現し、維新後新政府の大蔵省に出仕した。武郎の生まれた明治十一年には不平等条約改正の準備や各国の情報を得るためヨーロッパに派遣され、その後は関税局少書記官となった。いわば維新のどさくさの中で、薩摩藩の追い風を受け、駆けあがってきた官僚である。剛直でやや偏狭な性格だったが、その実務能力が買われたようで国債局長まで登りつめた。

明治十五年、父親武の横浜税関長就任にともない一家は横浜に転住した。

当時の横浜は開港からすでに二十数年が経ち、開放的な街づくりがなされ、波止場から幅広いイチョウ並木の大通りが整備されるなど西洋風の街並みがすでに出来上がっていた。父親は自らの経験から「これからは外国人との折衝が要」と思ったのだろう、武郎を米国人宣教師の家庭に通わせ、ミッションスクールの横浜英和女学校（現・青山学院横浜英和小学校）に入学させた。武郎は幼いころから国際的な環境に育ち、英語を身につけることになった。

明治二十年、学習院予備科に入学。親元を離れ東京での寄宿生活を送る。成績は優秀で、素行は正しく、模範的な生徒として大正天皇のご学友に選ばれている。両親に愛されて育ち、経済的には一切の不自由がなく〝お坊ちゃん優等生〟の武郎の輪郭がこのあたりで形作られた。後年、与謝野晶子が有島の第一印象を「光源氏のようなお方」と半ば冗談で語ったという風貌を彷彿とさせる。

明治二十九年、学習院中等科を卒業した武郎は札幌農学校への進学の道を選んだ。普通ならばそのまま高等科に進み、東京帝国大学へと入学するはずだった。

文芸評論家のドナルド・キーンはその選択は予想外としながら、有島の日記（『観想録』）を検証して、

——有島は、日本の他のどこの風景よりもずっと広大で、野趣に満ちた北海道の風光に引きつけられたもようであった。

——おそらく初めは、この学校で、例のウイリアム・クラークが打ち立てた宣教師精神に、有島も引きつけられたのに相違ない。「少年よ、大志を抱け！」という有名な言葉が現れる彼の告別の辞は、日本中に知れ渡っていたからだ。（ドナルド・キーン『百代の過客〈続〉』、講談社学術文庫）

と、有島の札幌への思いを分析している。

「嫌いな蛇がいないから」とも本人は日記に書いているが、それは冗談だろう。ニュージーランドならともかく北海道に蛇はいるのである。

新渡戸稲造の一族が南部藩士で、維新時の賊藩、負け組だったことを思えば、有島は維新の勝ち組、薩摩藩出身。父親は新政府で栄転している。新渡戸も内村も札幌農学校は官費入学できることが魅力の一つだった。しかし有島は金銭のことで悩むことはなく、入学とほぼ同時期に父親は狩太《かりぶと》（今のニセコ町）に武郎の将来のためにと広大な土地を入手している。有島は新渡戸、内村より十六、十七歳下でのちに師弟関係となるが、師の二人とは貴族と平民ほどの育ちの差があった。

さて、武郎の農学校時代はいかがなものだったろうか？

ここで意外なことは有島武郎と新渡戸稲造との関係である。有島家と新渡戸家は実は縁があったの

だ。有島の母、幸は南部藩の出身で、南部藩の江戸留守役加島英邦の娘だった。同じ南部の新渡戸家と加島家は旧知の仲で、稲造が養子に入った叔父の太田時敏は武郎の両親、武と幸の結婚の媒酌人を務めている。

武郎の入学時、新渡戸はアメリカ留学を終えて札幌農学校の教授をしており、武郎は一年余を新渡戸の住む農学校官舎（外国人教師用住宅）に寄寓することになる。有島が農学校をめざした背景には新渡戸の存在があったことだろう。

入学時、新渡戸教授に「一番好きな学科は何だ？」と聞かれ、「文学と歴史です」と有島が正直に答えると、新渡戸は「それではこの学校は見当違いだ」と笑われた、というエピソードを有島は日記に残している。

有島はナイーブで精神的にか弱く涙もろい青年だった。入学しても周囲になじめず孤独な日々を送った。まだ十八歳の青年であることを思えば、同情の余地はある。

学習院出という経歴で、しかも肺炎、心臓病など病気がちだった。貴公子が北の原野に飛び込んできたようなもので、周囲に場違いの違和感をもたれたことだろう。武郎は心の迷いを解くために祖母に勧められ半年ばかり、曹洞宗の寺に通い、禅の修行を積む。が、それも心の渇きを埋めることにはならなかった。

そんな時、現れたのが森本厚吉だった。森本は悩み多き青年でキリスト教に入信していた。その精神的苦悩を有島に告白し、ともに入信して悩みを分かち合いたいと切望した。新渡戸と内村の時は上級生からの強引な勧誘だったが、有島は同級生から友情を求められての勧誘だった。クリスチャンの新渡戸夫婦と同居し、新渡戸の主宰する日曜聖書講座にも参加しており、孤独だった有島はキリスト教と森本との出会いに偶然以上のものを感じとった。

森本厚吉は京都府舞鶴の出身で東洋英和学校（現・麻布中学校、高等学校）を卒業し、新渡戸教授のいる札幌農学校に憧れてやってきた。こちらの経緯もいささか変わっているが、卒業後は母校の北海道帝国大学教授となり、退職してからは東京に女子経済専門学校（現・新渡戸文化短期大学）を創立する。学究肌のいわば優等生である。しかし、当時森本は青春期特有の憂鬱病を抱えており、〝迷える子羊〟だった。キリスト教の諭す禁欲生活に悩んでおり（性欲への罪悪感がその中心のようだが）、この時代の青年の性の悩みは実のところ私にはよく分からない（学生が芸者遊びに出かけたということで新聞はその不道徳を責め、農学校は即座に本人の退学処分を決めたという時代のことである）。森本の信仰するピューリタニズムは禁欲生活を人生の第一とし、自慰さえも欲望の罪の一つとしていたようだ。

死はいつも青春と隣り合わせにあり、生への歓びと死への絶望は振り子のように極から極へと揺れ動く。思いつめて自殺へと傾く森本を有島は説得しようとするが、有島本人も罪の意識に苛まれ、結局ともに自殺を思うようになる。有島の自殺願望はこのときすでにはじまっていた。

明治三十二年、二十一歳の冬の日、二人は自殺を決行するため札幌近郊の定山渓《じょうざんけい》温泉へ出かけた。その時森本は「病院へ寄ってきた」と言って約束の時間に遅れてきた。「自殺をしようとしているのに病院かい？」有島は疑問をもったろうが、とにかく雪のなかを三十キロ橇《そり》で走ってひなびた宿に入った。いつ死のうか、二人は宿で悶々とする。遺書を残そう、もう一度考えよう、といいながら二晩を過ごした。銃を携えていったのだから決して遊びではなかったはずだが、三日目の朝には気が変わり、人類救済という大目的を立てるのだった。幸いにも二人はそこでキリストの贖罪に目覚め、自殺は未遂に終わった。なんだか芝居がかっているが、有島は以降キリスト教へと急速に近づいたことは間違いない。

引っ越し魔だった有島武郎

「有島は三度自殺を図ったようです。最初が定山渓、二度目が小樽近郊の赤岩温泉、三度目が例の軽井沢だったようです」

『有島武郎の札幌の家』（星座の会発行）の著者、前川公美夫さんに札幌市内で会った。前川さんは北大工学部建築科を出て北海道新聞の記者という経歴の持ち主で、記者特有の無骨さはなく、眼鏡の奥に柔軟な知性をしのばせる芸術肌の人だった。

「悩み多き人だったと思います。キリスト教、社会主義、白樺派と心が揺れ動きながらも、真剣に深く自己を見つめていった人じゃなかったのかな。要するに百パーセント、自分の心にピュアな人、そのために多くの苦悩を背負ったのです」

森本に促されてキリスト教者となり、新渡戸夫妻が主宰した貧しい子どもたちのための遠友夜学校にも参加し、在学中内村鑑三らが興した札幌独立教会にも入会した。その熱意を感じて内村は有島に教会を継がせようとしたほどだ。しかし留学中にキリスト教に不信感を抱き、社会主義に傾倒し、アメリカ帰りに寄ったロンドンではアナーキストのクロポトキンを訪問している。

クロポトキンはロシア貴族の出身で多数の農奴を抱えた大地主のもとに育った。若くして近衛連隊に入隊したが、帝政ロシアに失望し、革命運動に加わりアナーキスト（無政府主義者）となった。捕らえられて牢獄にも入るが、有島が訪ねた時はすでにイギリスに亡命していた。

約束した日を違えて有島が訪ねたにもかかわらず夫婦、友人らに温かく歓迎され、午後の一時を楽しく過ごした。クロポトキンは有島を気に入り自著の翻訳権譲渡の約束もしたようである。

有島にとってはその生い立ちや境遇が似るクロポトキンに親近感をもっていたのだろう。その後の有島の北海道狩太での農場解放はクロポトキンに影響を受けた共産主義思想によるものだ。

帰国後の明治四十三年、『白樺』創刊と同時に同人に加わり、武者小路実篤と親交をもち、『かんかん虫』『叛逆者』の作品を『白樺』に発表した。

有島は心揺れ動く人、悩める人、涙もろい人だった。その場では真剣で、情熱的にのめり込むのだが、やがて疑惑を感じると転身が早かった。札幌独立教会を脱会したのもこの頃のことである。

内村が樫の巨木のように力強く、逆風にめげず真っすぐに立っていたとすると、有島は風にそよぐ柳に近かったかもしれない。樫は堅固だが、柳は繊細である。

話を戻すと、前川さんは専門に近いところから有島武郎の家を研究している。

「有島は引っ越し魔でしてね。十二年間暮らした札幌で、七回も住所を変えているんです。最初は新渡戸宅で一年二か月、二度目は北三条東四丁目の山崎さんの下宿。アメリカ留学から帰ってからは大学の恵迪寮に入り、その後北二条東三丁目に移りました。結婚後、安子さんを迎え、白石の借家へ、ここでは少し落ち着いたようです。当時は馬車でしたから、布団や家財を積めば一度で運べたから、学生らに手伝ってもらえば案外引っ越しは楽だったかもですね。机もちいさなものを使っていました」

心の移ろいと同じように住まいも転々と移ったのだろうか。

日記の中では「下町」は downtown、「東区」は east quarter と英語で記されており、前川さんは有島に日常的な英語センスを感じるという。

有島文学はバタ臭いといわれる。『カインの末裔』『一房の葡萄』『星座』『生れ出づる悩み』と、小説のタイトルは確かに奥ゆかしい明治調ではない。文体が翻訳調だ、というのもよく言われる感想だ。有島本人も英語の方が分かりやすいと言っており、新渡戸と交わす手紙は双方とも英語だった。長編『或る女』はドラフト（草稿）を英語で書いた、ともいわれている。

新渡戸稲造、内村鑑三、有島武郎の三人は百年も前の人なのに古さを感じさせないのは不思議でもある。二葉亭四迷や尾崎紅葉、森鷗外、島崎藤村、田山花袋などの明治の文豪と同世代だったとはとても思えない。彼らが英語で考え、英語で書き、英語で暮らした経験から書かれたものが、洋式生活になじむ現代人にとっては身近なのかも知れない。

前川さんが密かに教えてくれたことを伝えておこう。

芸術の森にある有島武郎旧邸のことだ。

この家が黒澤明の映画『白痴』のロケの舞台に使われており、主演の森雅之は有島武郎の長男、行光の芸名だった。行光はかつて父と母と一緒に暮らした家で映画の主役を張ったわけである。

北海道開拓の村をゆく

札幌近郊の野幌《のっぽろ》に「北海道開拓の村」がある。

開道百年に端を発し、昭和五十八（一九八三）年にオープンした野外博物館だ。明治から昭和初期に建てられた建造物を広大な敷地（五十四ヘクタール、東京ドームがすっぽりと十一個入る）に移築展示したもので、官庁街、商店街、住宅街、職人街などに区分けされ、散歩しながら開拓の歴史をしのぶことができる。周辺は大自然そのままの豊かな樹林に囲まれ、かの明治村のように人工的にテーマパーク化していないのがいい。
私はここが気に入っていて、札幌に来るたびに訪れている。

白亜の壁と赤胴色の屋根の威風堂々とした「旧札幌停車場」が入口になっており、赤レンガの道庁の原形ともいえるロシア風の丸屋根のある「旧開拓使札幌本庁舎」がビジターセンターとなっている。

街路樹のある中央通りには馬車鉄道が走り、まるでタイムトリップして開拓時代の一角に迷い込んだようだ。新聞社や銀行、屯田兵舎など歴史的な建造物ばかりではなく、理髪店、馬橇製材所、写真館、養蚕農家、醤油醸造家など当時の人々の生活風景が現出しており、書物を通してもなかなか理解できない開拓時代の様子がリアルタイムで伝わってくる。

この開拓の村に有島武郎ゆかりの建造物は三つある。

最初の建物は通称白官舎《しろかんしゃ》とよばれた「旧開拓使爾志通洋造家《にしとおりようぞうけ》」で、当初は開拓使職員のための官舎として建てられたものだ。アメリカ中西部の建築様式を取り入れ、シンプルななかにも気品を感じさせるモダンな集合住宅だ。内部は畳敷きの和風作りとなっており和洋折衷というところか。和魂洋才という明治人の流行意識がどことなく伝わってくる。有島の小説『星座』の舞台となっており、小説では札幌農学校の寄宿寮となっている。

——深い綿雪に閉ざされた闇の中を、霰《あられ》の群れが途切れては押し寄せ、途切れては押し寄せて、手稲山から白石の方へと秋さびた大原野を駈け通った。小躍りするような音を夜更けた札幌の板屋根は反響したが、その音のけたたましさにも似ず、寂寞は深まった。霰……北国に住み慣れた人は誰でも、この小賢《こざ》かしい冬の先駆の蹄の音の淋しさを知っていよう。（『星座』）

『星座』は有島の札幌における青春小説で、北国の短い秋から長い冬へと移る寂しげな情景を巧みに取り入れながら、白官舎で寮生活を送る若者たちの群像を描いている。

時は明治三十三（一九〇〇）年、政友会を立ち上げた伊藤博文の第四次内閣がスタートしたころで、隣の清国では排外的な義和団が反乱を起こし、その鎮圧に連合軍（ロシア、日本が中心）が侵入するという北清事変が起こっていた。

そうした時代を背景に、この小説は卒業をまぢかに控え、将来の選択に迫られる若者たちの心の有り様を描いた。

将来研究者への道を期待されながらも肺炎に侵され、千歳の実家へと帰省せざるを得なくなった星野、その星野を兄のように慕う純真な園、信州の山猿を自称し、上京して一旗揚げようと気炎を吐く西山、がらっぱちで酒と遊郭での遊びを男の証とするガンベ（渡瀬）、いつも爪を噛むという幼児のような癖をもつが、時として声を荒らげ雄弁となる柿江、園に借金をねだる狡猾な人見、さらに森村、石岡といった学生たちが同じ寮の中で暮らし、おぬいさんという聖処女のマドンナをめぐり、次第に大人へと成長してゆく様を描いた。

有島の青春時代の札幌と重なっており、彼らの苦悩や葛藤、夢と現実は有島が共有していたものだろう。自身を一番年下の園に重ねたのかもしれない。

余談となるが、私は昭和四十一年に北大に入学している。この小説を読むと、半世紀前のわが学生時代が目に浮かぶようだ。有島の時代から時は隔てているが、私たちの世代でも同じような青春群像が渦巻いていた。北大南門近くの北六条西八丁目に下宿していたが、そこにもさまざまな青年たちが同居しており、オーナーの白髪のおばさんが暮らしの面倒や食事を賄い、東京から来た学究肌の学生、カフカ、カミュを説く青臭い文学青年、週末の麻雀を生きがいとする者、夜毎酒を求めて巷を彷徨う者など、そこには星野や園、ガンベや西山がいたのである。

札幌では北極星が間近に見える。若者たちは一人一人が輝く星だったのだ。有島は等身大の自己をその作品に投影して、青春の輝きを星に例えた（残念ながら、この長編は有島の精神的スランプのため中断となってしまったが）。


旧有島邸は開拓村の住宅地区の一角にあった。

木造二階家のいささかくすんだ民家で、案内板には洋風仕様の上げ下げできるガラス窓が流行しはじめた明治中期の一般的な住宅だという。有島はこの民家を借りて、明治四十三年五月から翌年七月まで住んでいた。札幌の中心街から離れ、豊平川西岸の白石地区にあり、周囲は広大なリンゴ園だった。このころ有島はアメリカ留学から帰り、母校（この当時は東北帝国大学農科大学）の英語教師を務め、創刊された雑誌『白樺』に『或る女のグリンプス』（のちに改稿し『或る女』と改題）の連載をはじめていた。後述するが、新渡戸夫妻が主宰した「遠友夜学校」の代表も務める、という多忙な時期だった。岩内の十七歳の木田金次郎が自作の絵を抱えて最初に訪ねてきた家、長男の行光が誕生した家でもある。

三つ目の有島ゆかりの建物は北大の恵迪寮《けいてき》である。

恵迪寮は開拓の村の中心から外れ、鬱蒼とした原生林のなかにあった。恵迪とは「廸《みち》に恵《したが》えば吉《よ》し」の意味という。

木造二階建ての大きな寮で東西に長く伸びた二棟が二本の廊下で繋がっている。二人部屋が三十六室。スチーム暖房を採用した当時としてはモダンな建物だったようだ。

有島が入寮していたのは三十歳の時、大学予科教授として母校に勤め、寮の監部（学生たちの管理・世話役）として、明治四十一年三月から七か月ほどこの恵迪寮で学生たちと生活をともにした。

——部屋は二階で、明るくて廣く、風通しがよく清潔で、しかも最もよいことには、静かだ。（中略）。部屋には南側に二つ、西側に一つの窓があり、エルムの森を見下ろし、更に遠くには藻岩と手稲の山並みが續いている。　　『有島武郎全集第十一巻　観想録第十二巻』（筑摩書房）

有島は自分の恵迪寮の部屋が気に入っていた。

有島には晩年の情死事件がつきまとい、暗い陰惨なイメージがあるが、実際は活動的で、明るく、知的で、ユーモアを併せ持ったジェントルマンだった。とくにこの寮生活での有島は活発で、札幌独立教会の日曜講師を引き受け、また同時に社会主義研究会を指導して若い社会人や青年たちの育成のために尽力し、人生のなかでもっとも活力に溢れた時だった。

若き学生らと寝食をともにし、金の工面から恋愛の後始末まで面倒をみた。藻岩山への雪中登山を提案し、寮生三十二人を従えて、夜明けに寮を出て雪中斜面を滑って下りた。当時スキーはなかったから、ゴザとかコモを敷いての命がけの滑降である。寮に戻ると午後は日曜学校で教え、さらに夕べは文学研究会と体力のある限り活動した。

北海道の大自然の懐に抱かれて迷いはなく生気がほとばしるようである。

食糧事情の悪い、国家緊急の時代でもあった。食事も寮生と同じくし麦飯や沢庵も厭わず喜んで食べたという。有島の好物はリンゴと漬物、南京豆だったという庶民感覚の記録も残っている。

五月、北大では新入生を歓迎する名物の「ストーム」がある。バンカラな学生らが「札幌農学校は蝦夷ヶ島《えぞがしま》、熊が棲む！」などと大声でストーム歌をうたい、互いに肩を組み、グループ毎に輪を作り、学内から市中に繰り出し、市電を止めたりするのが春の風物詩となっていた。このストームを提案したのも実は有島だった。アメリカの大学の新入生歓迎の儀式、つまり荒っぽいイニシエーションを母校に導入したようだ。

北大の寮歌「都ぞ弥生」は有名だが、校歌は知られていない。「永遠《とこしえ》の幸《さち》」というタイトルで、有島が作詞している。明治三十三年のことだ。

——永遠の幸　朽ちざる誉《ほまれ》　つねに我等がうへにあれ
よるひる育て　あけくれ教へ　人となしし我庭に
イザ　イザ　イザ
うちつれて進むは今ぞ
豊平の川　尽きせぬながれ　友たれ永く友たれ

「都ぞ弥生」は今でも同窓会などで唱歌されるようだが、残念ながら校歌の方はほとんど忘れられている。今は亡き有島教官はさぞかし臍《ほぞ》を噛んでいることだろう。このころ、有島は森本と共著で『リビングストン伝』を書いた。夢にまでみた処女出版である。また父親の紹介で陸軍中将神尾光臣の次女・安子と東京で見合いをし翌年結婚した。

このときが武郎にとって、人生でもっとも輝いていた時だったかもしれない。

大自然の息吹に包まれ、若者たちと交歓し、伴侶をともない、新しい人生の旅立ちの時であった。

第七章　内村鑑三の「アメリカ体験」

第一高等中学校「不敬事件」

内村鑑三の名が世に知れ渡ったのは明治二十四（一八九一）年、世に言う「内村鑑三、不敬事件」だった。

その前年、明治二十三年十月三十日、明治天皇から教育勅語（巻物）と御真影が全国の学校に下賜された。各学校では神棚などを設けてそれを配置し奉戴式典を行った。内村が所属していた第一高等中学校（のちの第一高等学校）では、年が明けた一月九日に下賜され、講堂に飾り全職員生徒がその御親筆（署名）を奉読することが決まっていた。

漢文調のいかめしい文体で、天皇自らが儒教精神に基づいた忠君愛国心、家族愛、兄弟愛を全日本国民に語りかけたものである。

教官と生徒ひとりひとりが壇上に上がり、最敬礼してお辞儀をするのが通例だった。ところが内村はつかつかと壇上までは登ったが、そのままくるりと背を向けて降りてきてしまった。最敬礼をしなかった内村に職員、生徒らが騒ぎ出した。第一高等中学校はナンバースクールのトップ、全国でも最優等校であったため〝事件〟は新聞沙汰となり、全国津々浦々に流れた。新聞では「御真影へのおじぎを拒んだ」とまるで犯罪人のような扱いだった。

内村の家には生徒や見知らぬ者たちが連日押しかけ「国賊！」「不敬者！」の乱暴な声が飛びやまなかった。

前年の明治二十二年、大日本帝国憲法が発布されたばかりだった。世は国家高揚の気運のさなかにあり、国民は天皇の下に一家をなし、一丸となって皇国日本を支えるのがその務めとされていた。天子様と呼ばれた天皇は「現人神《あらひとがみ》」であり、神への侮辱は許されなかった。その年、時の文部大臣、森有礼が国粋主義者により暗殺されるという事件まで起こっている。

森がキリスト教徒だったこと、「公用語を英語にすべき」などその西欧寄りの発言が背景にあるが、直接の動機は伊勢神宮での不敬事件（実際は未確認）だった。ある新聞が「大臣が御簾《みす》をステッキでどけて拝殿に土足で入った」と書いたのである。多くの人はその大臣は森有礼に違いないと咄嗟に判断した。

教育勅語下賜の日、同僚だった二人のクリスチャンの教官は学校を休んだ。内村は「敬礼」ならば、神としての偶像崇拝（聖書では偶像崇拝を禁じている）には当たらない、とひとり出席した。内村はもともと皇室に対しては新渡戸と同様忠実な臣下であり天皇の存在自体に誇りをもち、天皇自らが全国民に教育勅語を下賜することにむしろ賛同していた。しかし、実際に学校側が求めたのは敬礼ではなく「礼拝」であった。礼拝は天皇を神とすることである。内村は神として天皇を崇めることはできない。キリスト教徒として神は唯一、絶対神なのである。内村は理論家で正直者だったが、その正直一徹さが災いした。

事件の後、内村はインフルエンザで高熱を出して寝込み、さらに肺炎をおこしてしまった。外套《がいとう》禁止で寒さのなかを皇居まで教育勅語を受け取りに行ったからである。二週間後回復して新聞を読んだら、自分がすでに「罷免」となっており愕然としている。さらに不幸なのは妻のかずが看病中にインフルエンザが移り肺炎となり三か月後の四月に死去してしまったことだった。かずとの結婚生活はわずか二年にも達していなかった。

職をなくし、妻に死なれ、国民からは国賊、不敬漢とののしられ、キリスト教徒からも礼拝しようとしたことを責める者が出てきた。愛する妻を亡くしたうえ民からも国からも教会からも捨てられたのである。行き場をなくした内村は宮部と新渡戸のいる札幌へ赴き、一か月を過ごし傷心を癒やした。その後英語教師や委託牧師として糊口をしのぐが、赤貧のどん底の暮らしがしばらく続いた。

この年ロシア皇太子のニコライ二世が日本を訪れており、大津事件が起きた。滋賀県大津で警護にあたっていた巡査の津田三蔵が日本刀でいきなり皇太子に斬りつけた事件である。

巡回牧師、派遣講師など内村は旅が重なったが、旅先で自分の名が知れると宿屋が拒否するので内村三蔵という偽名を使っていた。ところが逆に津田の偽名かと勘違いされて宿を追い出されたこともあったようだ。

浅田タケとの結婚と破綻

時はしばし戻るが、内村のアメリカ留学の話をせねばなるまい。

明治十四（一八八一）年、札幌農学校を卒業して内村は約束通り開拓使に就職した。開拓使御用掛で民事局勧業課に勤務、もっぱら水産事業関係に従事した。ところが件の「払下げ事件」の影響もあり、翌明治十五年開拓使が解散したため札幌県（当時）の御用掛に籍を移しアワビの研究などに励んだが、札幌独立教会設立の大役を終えると上京した。

明治十六年、二十二歳のとき、麻布の学農社農学校で英語教師を務めた。

学農社はかつて開拓使に務めていた津田仙（福沢諭吉らとともに渡米した経験がある）がアメリカを見聞し、「農業が国をつくる基」という信念で創立した事業会社だった。農産物の栽培、販売、輸入、雑誌の出版などを行い、その一環として農学校を設け、キリスト教の指導を行っていた。札幌農学校出身の内村にはうってつけの仕事だったといえるだろう。津田仙はのちに女子英学塾（現・津田塾大学）を開校する津田梅子の父親である。ところがこの学農社農学校の学生が世の不況のため半減し、内村は休職となってしまう。そこで内村は農商務省嘱託として水産課に勤務した。魚類にもとより関心をもっていた内村はここでウニの増殖などの研究をした。同年、内村は「日本キリスト信徒大会」で「空ノ鳥ト野ノ百合」と題して雄弁をふるい、このころから若き教徒として注目されるようになる。

明治十七年、内村は二十三歳で結婚した。

新妻はタケ（旧姓浅田）といい、上州安中の人で新島襄の教会で出会った女性だった。タケは新島襄から洗礼を受けており同志社女学校に学び、横浜の普通女学校へ転校して卒業したという経歴をもつ行動的で活発な女性だった。一目で内村は気に入り、その後手紙を英文で交換した。タケについて「極端に無邪気なのか又は軽率である」と内村は思ったが、もはや恋に陥った者に迷いはなかった。内村は両親に打ち明け、父親は賛成したが、母親には大反対された。「賢すぎ、学問がありすぎ」との理由だった。つまり現代的なテキパキ娘だったのだろう。それが影響してか、結婚後嫁と姑は何事にも気性が合わず、タケは内村家に同居するのが辛くなり、離婚を申し出た。結婚後半年足らずのことだった。

この間内村は新渡戸にも相談している。冷静な新渡戸は二人の結婚には賛成しなかった。「その理由は述べないが、三年か五年のうちに明らかになるだろう」と手紙を送った。

三年どころか二人の間は一年ともたなかったのだ。タケの虚言癖が原因で、外泊という軽率な行為に内村は妻の貞節を疑い離婚に応じた。その後タケから復縁したいとの申し出があったが、内村は敢然とこれを拒否した。武士に二言はないのである。

教会関係者は「罪を悔いて帰ってこようとする者を許さないのは愛がない。聖書に反する」と内村を非難した。

内村は妻に惑わされ、教会に見放された。

逆境は繰り返されるものなのか、内村は天も地も己に牙を向いたか、と思えた。

評伝作者の政池仁は、

——内村は一般には従順である日本女性の中から不従順な妻を選んで失敗したが太田（新渡戸）は不従順な者の多いアメリカ女性の中から従順な妻を選んで成功した。

（『内村鑑三伝』三一書房より）

と、小気味良く二人の結婚観を述べている。

渡米、少年院で看護人となって働く

離婚を契機として内村は国内にいたたまれず渡米を実行した。

東京大学に編入学していた新渡戸がすでに留学を果たしていたことも影響しているだろう。

内村の渡米は困難を極めた。もちろん私費留学である。渡航費用がまず課題だったが、内村は米国人のパトロンを探すなど人に頼ることはしなかった。キリスト教徒であったため、酒、たばこは嗜まず日々の暮らしは慎ましかった。父母と同居だったため家賃は要らなかった。わずかながらの自らの備蓄があり渡米を決行した。

太平洋横断には貨客船の三等船室を選び中国人らと一緒だった。

サンフランシスコに着いたその日から神の国、内村が理想としたアメリカは瞬時に崩れ落ちた。

内村はとっておきの絹の傘を盗まれ、同船していた知人はスリに財布を奪われた。アメリカ人らは腰に鍵束を吊るしてじゃらじゃらいわせて歩いている。この国では収納箱、引出し、冷蔵庫、はたまた砂糖壺にも鍵をかけているのだ。親切に荷物を運んでくれた黒人の教会執事は荷物を渡す時、チップを要求してきた。

この国は泥棒の国であり、親切も売り買いする。黒人やネイティブアメリカンに対する人種差別も目にあまるほどだ。詐欺、冒瀆、人種差別が日常茶飯事であった。果たしてこの国はキリスト教の文明国なのか、渡米当初から内村にはアメリカという国に対して疑惑が起こった。

内村が渡米したのは明治十七（一八八四）年、二十三歳のこと。当時のサンフランシスコはゴールドラッシュの夢を追った山師や荒くれ者がその後定住した街である。アメリカ西部はまだ法が整備されておらず無法地帯だった。騎兵隊によるインディアンの大虐殺、「ウーンデッド・ニーの戦い」はこの六年後のこと。西部劇映画で有名な「ＯＫ牧場の決闘」はわずか三年前のことだ。西部では道徳や法律からほど遠く、いまだ銃や腕力がモノを言っていた。

西海岸から東部への横断鉄道も内村は寝台車を利用せず、混雑した移民列車を乗り継いだ。東部に着いた時はポケットにわずか五ドルが残っているだけだった。

アメリカはこのとき西と東ではまるで別世界だった。西部では無法がまかり通っていたが東海岸のニューヨークでは〝華の五番街〟が時代を象徴していた。

ニューヨークは「金ぴか時代」（マーク・トウェインが名づけた）であった。世は拝金主義に染まり億万長者が現出していた。セントラルパークがつくられ、ブルックリン橋が完成し、ニューヨークは街の輪郭が整い、消費のシンボルともいうべきデパートが五番街に誕生し、シカゴには最初の摩天楼の十階建てのホーム・インシュアランス・ビルが建てられていた。

このとき内村はニューヨークにいたはずである。

内村は大いなる国アメリカの中心地、ニューヨークのマンハッタン、五番街を歩いたと思われるが、その印象は記されていない。かつて日本の使節団がサムライ装束で行進し、その孤高の姿、威厳ぶりが讃えられ、紙吹雪を浴びたところである。

ただニューヨークの警官に「ジョン」と呼ばれて閉口している。ジョンは中国移民の蔑称だからだ。

そういえば私は平成二十五（二〇一三）年にアメリカの中西部、シンシナティに行ったことがあった。ニューヨークからの列車が深夜に着いたので、駅前には人影もなく、駅員にタクシーを頼んだ。そのとき、駅員はタクシー会社に電話をして、私に「あんたの名は？」と聞き、東洋人の私の顔を見て「ジョンでいいか？」と言われたことがあった。内村の時から百年以上経っても、ジョンの呼び名は変わらないのである。

内村は紹介状を手にしてフィラデルフィア郊外エルウィンの州立「エルウィン白痴院」の院長カーリンに会いに行った。カーリンは夫人ともども慈善家でもあり、七百人収容の施設の運営をしており、頑強で逞しいが誠実そうな内村を見て、看護人の仕事を世話してくれた。

この施設は年齢が十六、七歳ながら頭脳がおもわしくない子どもたちの教育・矯正施設である。内村は最下級生四十人を預かるドイツ婦人の助手となり、その中の二十二人の子どもらの面倒をみることになった。看護人とは子どもらの食を運び、服を着させ、靴を履かせ、足を洗うというような給仕、清掃の仕事であった。障害児らから「ジャップ、ジャップ」と蔑まれ、挙句のはては垂れ流した大小便の始末もしなければならない。

エリート農学校を卒業し、英語教師であり、国の農商務省にも勤めた経験のある内村にとってはとてもプライドが許さない仕事だったが、発育の遅れた子どもたちに靴で蹴られても、唾を吐かれても、内村はここでじっと耐えた。そして微笑みを忘れなかった。このとき、内村は子どもらへの肉体奉仕は神が己に授けた試練と悟り、ひたすら神と向き合っていたのだ。一切の欲望を捨て、自らを過酷な状況に追い込み、神とだけ対話し、神が自分に与えた試練に耐えることを決心している。

このあたりの信徒の思いは私などにはとても理解できない。ひたすら禁欲生活に徹し、純潔を究め、子どもらに奉仕して果たして何が得られるのであろうか、なぜひとり苦しもうとしているのか、神への貢献という言葉だけでは内村の懸命な、あるいは悲惨な努力が理解できない。おそらくこのとき彼は天上の神の存在を信じ、神との対話だけで生きていたのだろう。

八か月働き、蓄えも少しできた。そこへ新島襄が訪ねてきて、アマースト大学への編入を勧め、学長への紹介状を書いてくれた。

院長のカーリンは内村を評価し、内村に感謝した。同じく夫人もユニテリアン（父と子と精霊の三位一体を認めず、神のみを崇める）であったが、教派の違いを超えて内村に援助を惜しまなかった。

抜けるような青い空、緑の丘陵、丘の上に建つ白い民家――ニューイングランド、マサチューセッツ州は内村の目に天国に近い大地に思えた。

マサチューセッツはアメリカ独立の基盤となった州である。本国国教会から迫害を受けた清教徒がオランダを経て、大西洋を越え、新しい神の国の建設をめざして上陸したところだ。百二人の清教徒らは一年目厳しい冬を迎えて飢餓状態が続き、半数しか生存できなかった。ところが幸いにも土地のワンパノアグ族の族長マサソイトに助けられた。清教徒らは先住民にトウモロコシの種を与えられその栽培法を教わり、薬草の区別や鳥獣の罠や狩猟法を学び、新大陸での最初の感謝祭を迎えることができたのだ。

新天地ではキリスト教に基づく生活、秩序が保たれ、人々は勤勉、禁欲、質素という神の教えを厳格に守って暮らしていた。

内村は大らかな自然に胸を打たれた。

緑の牧場、野に咲く花々、空に歌う鳥たち。――まるで札幌と同じではないか。そこには豊平川に似たコネチカット川が流れ、手稲山にも似たバークシャ山がはるかに聳え立っていた。北海道の自然が彼の心を慰め豊かにしたように、ここマサチューセッツの森や風が内村の心を癒した。

アマースト大学学長のジュリアス・H・シーリーに会いに行った。内村は学生のとき、すでにシーリーの著作を読んでおり、かねてから尊敬していた。当時駐米大使だった森有礼とも交流のあった人である。

シーリーは新島からの手紙をすでに読んでおり温かく迎えてくれた。

内村の実情を理解し、授業料を免じ、寄宿舎の一部屋を無料で貸してくれることになり、おまけに三学年に編入させてくれた。寄宿舎に入るとき自分で買ったのは洗面器とランプだけだった。

アマースト大学はいわゆるアメリカのリベラルアーツ・オブ・カレッジで専門家養成のための職能大学ではなく、キリスト教をもとに良識的な教養人を育てる全人格教育を目的としていた。かつてクラークも本校で学び、卒業後は教授となっている。ここで内村は農学、理学、神学を学ぶが、内村が希望した聖書文学の講座は内村ひとりのために設けられた。教授はフィールド神学博士で、授業は二人だけで会話を中心に行われた。困窮する内村を見て、教授は百ドル札を内村のポケットにねじ込み、「困ったときはいつでも来なさい」と小声でささやいた。シーリー学長から内村の情報が伝わっていたのだろう。

内村はシーリー学長とフィールド教授には頭が上がらず涙ぐんで下を向くしかなかった。泥棒と人種差別の国、と思っていたアメリカ西海岸とここニューイングランドが同じ国だとは思えなかった。

寄宿舎に戻ると二羽のツバメが部屋に舞い込んでいた。

外は嵐だったから避難して来たのだろう。内村は捉えて静かに外へ放してやった。ツバメと自分が重なっているように思えた。

クラークに会いにゆく

一年が経った。

質素な学生生活を送っていた内村だったが、それでも学生を続けるには生活資金が必要だった。

東京の雑誌に時々の時報を書いて原稿料を稼いではいたが、それとて小遣い銭にしかならない。そこで内村は教会のバザーで講演して生活の糧を得ることを覚えた。各地の教会は時々「宣教師大会」を催している。教会から外国へ派遣された宣教師が異教徒をキリスト教化した努力や功績をたたえて講演会を催すのである。そこでは異教徒からキリスト教に転向した体験者の声を聞く講演会が必ず催された。十五分ほどの体験談を聴衆は喜んで聞き入った。雄弁な内村の話は人気があり、そこで内村は各地の教会で二十ドルの謝礼を受け取った。

教会は講演会やバザーを積極的に行い信者を集めていた。ただ単なる祈りと説教よりも講演会や合唱会、昼食会やワークショップのような催しに人々は集まり盛況だった。

内村はこうした集会を「ミッション・ショー（慈善劇場）」と呼び、異教徒から回心した信徒のことを〝見世物の犀《さい》〟と呼んだ。飼いならされた犀が多くいたのである。彼らは宿舎をあてがわれ、教育機関に入学させてもらい、キリスト教徒から恩恵を得るが、果たして帰国の途上で聖書を海に投げ捨ててしまう。留学という名のもとに学識を得て帰国したのちは大学教授や官吏の職に就くのである。彼らにとって福音は出世の手段にしか過ぎなかった。キリスト教徒の慈善は犀たちの出世の道具でしかないのだ。

内村はそうした慈善劇場を忌み嫌った。犀となりながらも飼いならされてはいなかった。自分は荒野を駆け抜ける野生の犀である。内村にとって信仰は神と個のせめぎあいであった。信仰には教会も牧師も必要ではない。ただただ聖書と向き合うことだけだ。それが後世の内村の無教会派結成の原点となった。

ニューイングランドの片隅で、内村はひとり自分で聖餐式を行った。

野葡萄の汁を搾り、ビスケットの小片を白いハンカチの上に置き、感謝の祈りののち、主の体であるビスケットを口に含み、主の血である葡萄汁を飲んだ。このとき自らが伝道師となることを決意したのである。

この間、札幌農学校の旧友たちにも会う機会があった。

新渡戸はボルチモアのジョンズ・ホプキンズ大学に留学していた。農学校時代、四年間同室で一番の親友だった宮部金吾はハーバード大学に官費留学生としてやってきていた。内村は宮部に会いにゆき一週間彼の部屋で過ごしている。また同期の広井勇（のちの東京帝国大学名誉教授・土木学）はすでに研修で渡米していた。同期卒業生はわずかに十人しかいなかったが、その四人がニューイングランドで暮らしていた。そこには彼らの強い意志があったが、それ以上に神の導きの光がなければ、遠く太平洋を越えて彼の地での再会はなかったろう。

内村はクラークにも会いに行った。すでにクラークは病床の身にあったが、にこやかに彼を迎え入れ、元気な声で快活に話してくれた。内村は札幌独立教会への寄付の礼を述べ、アマースト在学中の現況を報告した。クラークはグラント将軍（のちの大統領）のこと、南北戦争の思い出を語ったりした。内村は二期生だったため、クラークから直接の教えは受けていない。だが農学校にキリストの教えを伝えたのは間違いなくクラークであった。クラークは内村には宣教師というよりも威厳を湛えた軍人のように思われた。

かくして貧困のなかで内村のアマースト大学の暮らしは終わった。

卒業に際して、学長のシーリーは「バチェラー・オブ・サイエンス」の称号、卒業証書を内村に渡した。内村は編入生だったため、正式な卒業証書は得られないはずだったがまさに天恵であった。「農学士兼理学士」のアマースト大学の肩書は生涯を通じて、内村の宝となり誇りとなった。

このとき、内村はすでに伝道師となることを決意していたが、職業としての「僧侶」、慈悲によって糧を得る「ボウズ」は極力嫌っていた。

アマースト卒業後、彼は聖職免許を取るため、コネチカット州のハートフォード神学校へ向かった。しかし、ここでの学業や暮らしは語るに及ばない。この学校は教会の維持事業とか聖職者の就職斡旋所的な傾向があり、神学校の壁に「牧師館付き千ドル」とか「シカゴの無政府状態と題する説教に二十ドル」と書かれた紙がべたべたと貼られていた。内村は説教がまるでトマトかカボチャのように売られていることに失望し、三か月足らずして退校し、帰国の途に就くのであった。

第八章　新渡戸稲造『武士道』を書く

盛岡での生誕百六十年祭

令和四（二〇二二）年十月十六日、新渡戸稲造の生誕百六十年祭が盛岡で催された。市内志家町「サンセール盛岡」の会場には数十人の有志が集まり、賀川豊彦作「永遠の青年」（新渡戸賛歌）の詩の朗読ののち黙禱。続いて「新渡戸と賢治」という講演会が催された。講演会は対談形式で行われ、財団法人・新渡戸基金の藤井茂理事長と宮沢賢治の実弟・清六の孫、宮澤和樹氏が故郷の偉人二人の類似点などを語った。

二人は年齢的には三十四歳の隔たりがあり、新渡戸が花巻へ講演に赴いたとき、賢治が傍聴したという一度きりしか接点はなかったが、共通点は二人とも生涯南部言葉が抜けなかったこと、貧しい者への援助を惜しまなかったこと、死亡したのは二人とも昭和八（一九三三）年、しかも一か月違いだったことなどが話され、改めて新渡戸と賢治の故郷への貢献が見直された。静かな笑いが時々起こる会場は和やかながらも新渡戸への熱い思いが感じられた。

会場の一隅にいて、あらためて百六十年という「時」を思う。

そのときサムライは実在していた。稲之助（稲造の幼名）もサムライの子だった。七歳のとき、戊辰戦争が終わり南部藩は敗れサムライ社会は消滅した。稲之助も腰から刀を取り上げられた。

思えば東北はいつの世も中央政権に痛めつけられてきた。古代では大和政権に、近世では鎌倉幕府に、そして近代ではこの戊辰戦争である。「奥州征伐」――権力者、侵略者らのなんと驕りに満ちた言葉だろう。まるで奥州は地の果て、異民族の国のようではないか？

鳥羽・伏見の戦いののち、残党の会津藩は天敵扱いされ新政府軍（薩摩藩）に攻め込まれた。このとき会津藩藩主・松平容保《かたもり》（それまで京都守護職として天皇を守っていた）はすでに謹慎蟄居しており、天皇への恭順を示し「朝敵赦免嘆願」を新政府に申し出ていた。だが新政府はそれを踏みにじり強硬に軍を進めた。

東北諸藩は会津藩に同情した。「幼君（明治天皇、このとき十五歳）の君側の奸である薩長族を除く」が合言葉となり東北諸藩は団結した。仙台藩と米沢藩がリーダーとなり、奥羽列藩同盟が結成された。続いて北越諸藩（長岡藩が中心）も同調し、奥羽越列藩同盟が奥羽二十五藩、北越六藩のもとに結成された。

薩長クーデターは許さぬ――ということだ。

南部藩（盛岡藩）はその中心ではなかったが同盟に加わった。その直後秋田（久保田）藩が寝返って政府軍についた。仙台、庄内、一関各藩が秋田藩に侵攻を開始。盛岡藩もそれに続いた。

新政府軍はスナイダー銃（後込め銃）や大砲の近代兵器を備え、その数十二万。近代化の遅れている東北諸藩は旧式のエンフィールド銃（先込め銃）と昔ながらの刀剣、槍戦法で勝敗は明らかだった。

九月十五日、仙台藩が降伏。続いて二十五日には南部藩も降伏した。

最後まで戦った会津藩もあえなく十一月に降伏し、慶応四（一八六八）年一月からはじまった戊辰戦争は一年たらずで終わり、新政府に抵抗する戦いは箱館戦争へと引き継がれた。

盛岡市の北東には五百羅漢で知られ、南部藩ゆかりの古刹、報恩寺がある。

戊辰戦争の約半世紀後、大正六（一九一七）年、この報恩寺で戊辰戦争殉難者五十年祭が行われた。政友会総裁だった原敬（一年後、総理大臣になる）は故郷の代表として演壇に立った。

家老の家に生まれた原敬は新聞記者から政界へ出て、薩摩・長州の強権的な藩閥政治と闘い、のちに立憲政友会の総裁ともなり、それまで日本に馴染みの薄かった政党政治を確立した人物の一人だ。俳句を嗜み、俳号は「一山」だった。かつて長州の士官らが東北地方を蔑んだ「白河以北一山百文」の言葉からあえて取った、といわれる。

演壇から、彼は、

「国民誰か朝廷に弓を引く者あらんや。戊辰戦争は政見の異同のみ」

と戦没した東北列藩同盟及び南部藩士らの無念を悼み、最後に「旧藩の一人、原敬」と結んだ。

それは長らく朝敵、賊軍と蔑まれてきた屈辱の歴史への報復宣言だった。

稲之助が盛岡を出て東京へ向かったのは、戊辰戦争が終わった二年後の九歳のとき、明治四年のことである。この年、全国で廃藩置県が実行された。それまでの「藩（お国）」は解体され、あらたに新政府により県単位の行政区となり、中央から知事が送られてきた。殿様はいなくなったのである。

稲之助は激動の時代の不安と期待を感じながら故郷を去った。

SDGｓを百年前に提案

一般財団法人「新渡戸基金」事務所を訪ねた。

市中心の繁華街、菜園の一角にある古いビルの六階にあった。

理事長の藤井茂さんが穏やかな微笑をたたえて迎えてくれた。がっちりとした体軀で、広い額、太い眉の下に眼鏡をかけ、後頭部だけやや髪が薄い。まるで晩年の新渡戸がそこに座っているようであった。

「新渡戸基金」は岩手県各市町村からの寄付を財源として発足した団体で現在会員百六十人、十九団体で維持している。新渡戸稲造の業績を顕彰すべく季刊紙『太平洋の橋』、年会誌『新渡戸稲造の世界』などを発行している。

藤井さんは元盛岡タイムス社の社会学芸部長で、初代理事長の内川頴一郎氏の跡を受け継ぎ、事務局長を経て現在の職に就いている。評伝作家でもあり、『森本厚吉　新渡戸稲造の愛弟子』、『新渡戸稲造事典』（共著）、『一代の出版人　増田義一伝』などの著作がある。

晩年、新渡戸稲造、内村鑑三、有島武郎が軽井沢で夏を過ごしていた、ということを伝えると、

「そうですね。新渡戸が別荘をもち、亡くなったあとはメアリー夫人が住んでいたんですが、三人は札幌だけでなく軽井沢でも時を違えて一緒だったんですよね」

と、ふと、遠くを見るような表情で語った。

まずは藤井さんのお話を聞こう。

「新渡戸稲造は今でいえばＳＤＧｓの実践者でした。世の先を行っていたんですね。環境、差別、貧困、ジェンダーなどの問題を新渡戸は百年前に世に訴え、自ら実行していたのです」

言うまでもなくＳＤＧｓは国際連合が二〇一五年に採択した「持続可能な開発目標」で、世界中に今ある環境、差別、貧困、人権といった課題を二〇三〇年までに解決しようという提案だ。「一人た

りとも置き去りにしない世界平和の実現」を目標にしている。

その十七項目を新渡戸は明治から昭和初期の時代に先駆けて提案し実践していた。

貧困に関しては札幌に「遠友夜学校」を設立し、学校へ行けない恵まれない子どもたちのために無料で入れる夜学校を開設した。健康・福祉に関しては東京医療生活協同組合中野総合病院（現・新渡戸記念中野総合病院）の初代組合長を務めた。教育分野では札幌農学校（現・北海道大学）、京都帝国大学、東京帝国大学で教鞭をとり、第一高等学校の校長、拓殖大学では学監、東京女子大では初代学長を務めた。ジェンダー差別をなくすことにも努力し、とりわけ女子教育に力を注ぎ、普連土女学校（現・普連土学園）設立、女子英学塾（現・津田塾大学）の理事、東京女子経済専門学校（現・新渡戸文化短期大学）では初代校長を務めている。さらに平和と公正に関しては、生涯最大の仕事となる国際連盟事務次長のポストに就き、オーランド紛争の解決など国際分野で活躍し、〝ジュネーブの星〟と呼ばれた。また日米交換教授となり、全米各地の大学で講演を重ね、日米間の理解を深めた。国際的なパートナーシップに関しては、妻が米国人という国際結婚を明治時代半ばに敢行している。そのほか新渡戸は環境問題にも造詣が深く、クリーンエネルギー、気候変動、海や陸の自然環境を守る発言や論文を数多く残している。

「新渡戸は生涯に五十億円から七十億円を動かしたといわれています。そのうち三十億円から四十億円は世のため人のため、今でいう福祉に使いました。西郷隆盛と同じく私欲はなく一族にはお金を残しませんでした。身長は百七十センチ近くあり、スマートな紳士です。あの時代に堂々とした恰幅のよさでしたね。英語も達者で通訳を交えず欧米人と向き合って渡り合いました。血液型はB型です。芸術性が豊かでやはり個性的だったのでしょう」

「子どもたちが好きで、いつもポケットにキャラメルをしのばせていました。子どもの遊ぶ姿を見るのが好きだったんですね。子どもたちは未来を背負っているからでしょうか。女の子も好きでした。男尊女卑の時代に女性の教育、女性の人格確立に努力しています。多忙にもかかわらず、手紙をもらった女子学生には必ず返事を書いていますね。卒業式など皆に惜しまれて泣かれたようです。若者たちも好きで、札幌農学校の教授時代は、家に学生らを呼んで懇談したり、貧乏な学生には書生みたいに自宅に住まわせて援助していました」

藤井さんの説明を聞くと、写真で見る新渡戸の柔和な顔がいきなり身近になった。

学者、人格者、教育家、弁舌家、実務家であり、植民政策、国際理解、平和解決など広範な分野で活躍し、堂々たる国際人だった。同時に天皇を敬愛し、台湾や満州における植民政策を擁護する愛国者でもあった。

「近代日本における真の教養人にして第一級の国際人であった」（本村凌二・東大名誉教授）――この言葉が新渡戸を一言で表現している。

一個人のこれほど広範囲での活躍は信じられないほどだ。しかも論より実践の人で、経済界、実業界への関心も深く、教養・学識が社会現場に活かされることを熱望した。「軽井沢夏期大学」はその典型的な実践舞台である。出版界にも関心を寄せ「実業之日本社」の創業期の編集顧問となり連載執筆を続けた。頑な研究者・学者の聖域を破り、学識を世の利益のために還元した。

「〝君子不器〟という新渡戸がよく使った言葉があります。器物はある用途に使われるためにあるのですが、〝君子は一能一芸ではない〟という意味です。新渡戸は職業は一つだけでない、と言って、自分がそれを実践してみせています。つまり単なる学者、知識人ではなく、『ジェネラリストたれ!』ということを百年前に言って自ら実行していたのですね。専門家ではなかったから『武士道』が書けたのです。『武士道』は研究書ではありません。だから日本人の魂が世界の人々に分かりやすく伝わったのです。明治の軍国主義に凝り固まった時代に、世界を相手に日本人の精神文化を発信したのは新渡戸と内村鑑三、岡倉天心の三人だけです。この三人が日本人に自由と民権の近代精神を根づかせてくれました」

藤井さんは研究者ではなく元ジャーナリストである。だからこそ新渡戸のキャラクターを日本の近代史を俯瞰しながら客観的に解説できる人だ。それまで書籍でしか知らなかった新渡戸がいきなり身近な存在となった。なんだか日本の理想的な〝爺サマ〟のような印象である。

「城址公園の碑を見に行きましょうか」

多忙にもかかわらず、藤井さんは案内役をかってくださった。

大志を抱き、アメリカへ留学

盛岡城跡公園は市の中心にある。

かつての南部氏二十万石の居城で、天守閣、本丸、二の丸、三の丸、内堀、外堀を備えた堂々たるものだったが、戊辰戦争で南部藩が敗れたのち、すべてを取り壊されるという憂き目にあった。今は城壁を残すのみという悲劇の名城である。

城跡を登ると、眼下に盛岡市街が開け、前方には稜線の美しい岩手山が間近に望まれた。

その一角に新渡戸稲造の碑があった。

——願はくはわれ　太平洋の橋とならん

生誕百年を記念したもので、磨かれた大きな花崗岩の台座に文字が刻まれている。

「新渡戸は農学校を卒業して、約束通り開拓使勤務となるんですが、二年ほどで開拓使はなくなってしまいます。その後もう一度勉強しようと、東大に編入学するんですね。そのとき、面接した文学部の外山正一教授（のちの東大総長、小泉八雲を東大に招聘した）に〝将来何をしたいのか？〟と、問われたとき、この言葉を述べた、と伝わっています」

明治十六（一八八三）年、稲造、二十一歳のことである。

「この時代、世は西欧を向いていましたが、橋になりたいという発想は誰にもなかったでしょう。アメリカ人に日本の伝統的な精神文化を伝え、アメリカの進んだ産業や文明を日本に紹介したい、ということですよね。そのときすでに新渡戸の意志は固まっていたのでしょう」

新渡戸の ambition は「太平洋の橋」となること、つまり「Love & Peace（平和と博愛）」だった。アメリカと日本、その両国友好の橋渡しとなるべく、このとき、新渡戸は自己の ambition を決意した。そのためにはまずアメリカへ、クラークが生まれ育ったニューイングランドへ。渡米の決意は早かった。

「今コロナウイルスの統計で話題のジョンズ・ホプキンズ大学に留学しました。佐藤昌介が勧誘したのです。佐藤はこのときすでに同大学に留学していました。新渡戸の人生の前半は佐藤昌介が、後半は後藤新平、この二人が新渡戸の人生の水先案内人になっています。留学のあと札幌農学校教授として迎えたのは佐藤昌介、その後のドイツ留学も佐藤が便宜を図って研修のため行かせたんです。台湾以降の後半は後藤新平ですね」

佐藤昌介は東京英語学校の同窓生で、稲造と同じ南部藩（花巻）の出身。札幌農学校の一期生、新渡戸の一年先輩だった。日本初の農学博士のひとりで教育者でもあり、単科大学から帝国大学まで大きくした北大の育ての親として知られる。

ここで新渡戸の渡米前後の簡単な経歴を述べておこう。

明治十七年、二十二歳のときジョンズ・ホプキンズ大学へ。私費留学だったため東大時代に塾のアルバイトをしながら苦労して備蓄。養父の太田時敏、長兄の七郎が渡航費用、学費の援助をした。渡米してからも苦学生だった。教授の書記をしたり、図書館の資料整理係などのアルバイトをして生活費を稼いだ。大学は東部メリーランド州ボルチモアにありクエーカー教徒の多いところだ。

明治二十年、佐藤昌介から農学校助教授への招聘があり、就任と同時に農学校の研修公費で三年間のドイツ留学を経験する。ボン大学、ベルリン大学、ハレ大学で農政学、農業経済学、西洋歴史学を学んだ（ドイツの大学制度は学科ごとに大学を自由に選べる）。その間に長兄の七郎が亡くなり、新渡戸姓に戻った。ここに新渡戸稲造（それまでは太田姓）が誕生した。

明治二十四年、メアリー・エルキントンと結婚。メアリーとはアメリカ留学中にクエーカーの集会で出会い、新渡戸の演説にメアリーが惹かれたという。互いに心が通じ合い、その後文通を重ねた。

クエーカーはプロテスタントの一派でフレンド（普連土）派ともいう。十七世紀イギリスで生まれたピューリタン（清教徒）に源を発し、創始者のジョージ・フォックスが神との交感に体を震わせたのでこの呼び名がついた。既成の教派に基づくことなく、牧師を置かず洗礼、聖餐などの教義もなく、人々は集まって聖書を読み神と自身との心の交感に喜びを見出した。カトリックのような装飾や偶像はなく簡素な建物を教会とし、絶対平和主義者、奴隷解放論者として知られる。バプティストや聖公会などのような儀式はなく、ただ神（聖書）と個が向き合って祈禱する。かつて内村鑑三らとはじめた札幌独立教会（札幌バンド）に近く、新渡戸は共感を寄せたのだろう。讃美歌を歌うこともなく、沈思して祈ることは日本の禅の精神にも近かった。

私事になるが中学生時代、西部劇オタクだった私はゲイリー・クーパーの『友情ある説得』（一九五七年、ウイリアム・ワイラー監督）でクエーカーのことを知った。

ちなみに『友情ある説得』はインディアナ州の寒村を舞台に敬虔な信徒、ゲイリー・クーパーとドロシー・マクガイア夫婦の日常生活を描いた名作だった。日曜日には正装して一家総出で教会へ行き、神に祈りを捧げる。隣のバプティスト教会では皆が大声で讃美歌を歌うが、こちらは皆が沈思し、神と交感した者が一人ずつ立ち上がって心情を述べる。クエーカーは一切の戦いを好まず平和主義者で奴隷制度には反対している。You を Thee（汝）という古い言葉で呼び合い、音楽や娯楽を慎むことも神の教えとして守っている。そんな村にも南北戦争が波及し、南軍の奇襲部隊が村を襲ったことから、村民には義勇軍への募集がなされた。暴力に暴力で応えることに妻は反対し、夫は出兵を避けるが、息子（アンソニー・パーキンス）は「ぼくは戦う」と言い、戦場へ身を馳せた。父親は帰らぬ息子を捜しに戦場へ赴くが、そこで南軍の若い兵士と遭遇、相手を倒すが、そのまま「去ってゆけ」と逃がしてやり、傷ついて倒れていた息子を救助してわが家へ帰るという物語だ。

少年の私は、あの西部男のゲイリー・クーパーが銃撃シーンを一度も演じず、銃を捨ててしまうことに何とも不可解な思いをしたものだった。

戦後日本、ＧＨＱのマッカーサー将軍の准将として仕えたボナー・フェラーズもクエーカーだった。敗戦後の東京裁判で天皇が裁かれるのを陰で止めた男だ。世界のメディアは天皇を戦争犯罪人として裁くことを望んでいたが、フェラーズは逆に天皇を生かし、象徴として存続させることが日本の平和復旧に有益であることをマッカーサーに提言した。戦争直後、貧困のなかで共産主義が台頭しており、その流れを防ごうという意図もあったことだろう。いずれにしてもクエーカーは絶対平和主義者であり、フェラーズは平和的な解決を望んだ。

とまれ、クエーカーとなった新渡戸はドイツ留学中、メアリーとたびたび手紙を交換しており、フィラデルフィアで再会し結婚式を挙げた。お互いの両親はこの国際結婚に大反対だったが、二人は強引に押し切った。二人の愛の方が強かったのだ。ドイツ留学中、新渡戸はメアリーの幻影を夢で見て、神のお告げだと確信した。のちに新渡戸は「結婚とは霊的関係である」と述べている。

明治二十四年、メアリーを連れて帰国し、札幌農学校教授に着任。農学校で教鞭をとりながら、北鳴学校（私立）、遠友夜学校の設立に奔走し、道庁の技師職も同時に受託する。世は日清戦争一色の時代で、ひとり息子の遠益（トーマス）を生後一週間で亡くし、メアリーは心の痛手を癒すためアメリカへ一時帰国。新渡戸はひとり疲れ果てて病に伏した。

かかりつけの医師は温暖の地での療養を勧め、新渡戸はそれに従い、明治三十年、すべての職を退き、札幌を離れ、鎌倉、沼津、そして群馬県伊香保温泉で温泉療養に入った。東京ではかのドイツ人医師、ベルツが診断し、神経症（ノイローゼ）は深刻だったようだ。ベルツは当時の日本医学の最先端技術者であり自らよく知る伊香保温泉での療養を勧めた。

明治三十一年、新渡戸はメアリーとともに米・カリフォルニア州のモントレーに移った。太平洋を望むモントレーは風光明媚な暖かな保養地で富裕層の別荘村があるところだ。新渡戸夫妻はなかでも有名なホテル・デル・モンテで静養しながら、激動の世の行く末を眺めていた。

"BUSHIDO～The Soul of Japan" を読む

働く男、仕事に有能な男に心の休養は必要である。

名著"BUSHIDO"は明治三十二（一八九九）年、稲造が三十八歳のとき、療養先のモントレーで書かれた。その数年前、日本は日清戦争に勝利を収め、極東の小国が大陸の大国を破ったというニュースは世界を驚嘆させた。不思議の国・日本は世界から注目を浴びていた。日本人のもつ独特の感性、サムライの儚《はかな》い死生観が世界の人々の関心を惹いた。

本著はアメリカ、フィラデルフィアで翌年出版されてベストセラーとなり、ドイツ、スイス、ロシア、イタリアなどで翻訳された。とりわけセオドア・ルーズベルト大統領が感動し、多くの友人等に自ら手渡して解説したというエピソードは知られている。

"BUSHIDO"は英語で書かれている。新渡戸は自らがキリスト教徒であることを前書きし、シェイクスピア、トルストイ、エマーソンら世界の文豪の言葉を引用し、西洋社会の騎士道精神と比較しながら「サムライの魂」を解きほぐした。日本人ではなく、日本を知らない欧米人たちに読ませようと図った。自らの ambition たる「架け橋」つくりの第一歩だった。

新渡戸は渾身の思いでこの本を書き終えた。それは人生の盛りに立つ男の半生の生き方、精神の在り様とも重なり、自らが知り得る日本人の魂の真髄を解説しようとするものであった。

アメリカの白人社会では開拓時代から東洋系の移民は蔑まれ、中国人や日本人は人種差別されてきた。

「聞き捨てならぬ」――新渡戸は日本人のもつ矜持《きょうじ》、教養、知性、沈着さを書きつらねた。「白人らに馬鹿にされてなるものか」――東北人の負けん気が心底にあった。

発端は序文にあるように、ドイツ留学時代のこと、尊敬するベルギーのラヴレー教授の家にホームステイしていたおり、教授から「宗教がなくて、あなた方はどのようにして子孫に道徳教育を授けるのですか?」と、散歩がてらに聞かれたことだった。そのとき、稲造は愕然として、その質問に答えることができなかった。後に振り返ってみると、自分に善悪の道徳を吹き込んだのは「武士道」だったことに気づいた。また妻のメアリーが日本人特有の言動や習慣についてたびたび質問を繰り返し、それに答えているうちに自らの精神の根底を流れているサムライ魂が蘇り、本著を書くことを決意した。

日本人には確固たるべき宗教はなく、葬式は仏教、結婚式は神道、クリスマスはキリスト教というふうに風俗化、形式化しており、生きる道筋たる道徳観が乏しく、キリスト教のように神との契約という厳しい掟がない。しかし、日本人には古来武士道があったではないか、新渡戸はそこに光明を見出した。

"BUSHIDO"は第一章の「道徳体系としての武士道」からはじまり、「義」「勇」「仁」「礼」「誠」「名誉」「忠義」などを紐解き、第十七章「武士道の将来」で終わっている。長いものではないので、ぜひ一読をお勧めしたい。

新渡戸は武勇、文徳の教訓は滅びるかもしれないが、BUSHIDOの光と栄誉は不死鳥のごとく蘇ると説いた。風に散る桜花のように、その香は失われることなく、人間を祝福しつづけることだろう、と。

ビクトリアロードを歩く

盛岡は水清く緑の息吹く町である。

市内を北上川、中津川、雫石川《しずくいし》の三つの川が流れ、落ち着いた街に街路樹の緑が爽やかだ。盛岡に「ビクトリアロード」というお洒落な名の散歩道がある。

中津川に沿って与《よ》の字橋からはじまり、市役所裏、盛岡城跡公園の脇を通り、下《しも》の橋を渡り新渡戸稲造の誕生地までの一キロ弱。与の字橋袂には新渡戸の胸像が建っており、胸像と生家を結ぶ道がビクトリアロードで、それは「新渡戸ロード」と言い換えてもいいかもしれない。

気持ちのいい水辺の散歩道だ。

ヴィクトリアとはカナダ、ブリティッシュ・コロンビア州の州都の名だ。

新渡戸とカナダの縁は深い。満州に戦雲のたちこめる昭和八（一九三三）年八月、新渡戸はカナダ、バンフに向かった。第五回太平洋問題調査会に出席するためであった。

時は満州事変が起こった二年後のことで、日本はこの年の三月に国際連盟を脱退している。大日本帝国がいよいよ大国主義の実体を露わにし「大東亜共栄圏」という美名のもとに西欧勢力を排除し、アジア諸国を支配下におくための侵略戦争が始まっていた。その第一歩が満州国の建国だった。今のウクライナ侵攻のロシアと同じである。なぜ人類は歴史から学ぼうとしないのだろうか、すでに百年近く経っているのに、強者が弱者を武力で奪わんとする発想、暴力の構図はまるで変わっていないことに愕然とする。

太平洋問題調査会はアジア・太平洋地域の平和交流のために作られた国際的な民間組織で政府は関与していない。いわば国際連盟アジア・太平洋地域の民間版のようなものだ。新渡戸はこの組織の理事長を務め、日本の代表者であった。各国から満州建国の非難を受けるのを覚悟の上で新渡戸はこの会議に臨んでいた。

この会議のあと、新渡戸は太平洋に浮かぶヴァンクーバー島の中心地、ヴィクトリアで休養したが急死した。そのことは後述したい。

誕生地・盛岡と客死したヴィクトリア市は昭和六十年に姉妹都市となり、その提携十周年を記念し、中津川沿いの散歩道は両市の友好の証としてビクトリアロードと命名された。平成二十二年には二十五周年を迎え、当時の市長・谷藤裕明氏がヴィクトリア市長・ディーン・フォーティン氏を招いて式典が行われた。

太平洋戦争で一度崩れ落ちた「架け橋」が故郷で蘇ったのである。

川面を見ながらビクトリアロードを散歩した。

スタートとなる与の字橋袂の新渡戸像はいつもの丸眼鏡をしておらず蝶ネクタイ姿で、見上げる者にいかにも語りかけるようである。脇を流れる中津川はせせらぎを奏で、河原には赤とんぼが群れていた。幼い稲之助がここで遡行する鮭を追いかけてよく遊んだところだ。

両側にはしだれ桜、もみじ、エゾ榎の老木が聳え、岸辺には柳の葉が風にそよぐ。河原は広く、ジョギングする人の姿があった。対岸は紺屋町といい白壁に瓦屋根の長屋門が続く。どこか京都のような雰囲気でもある。

遊歩道のところどころに宮沢賢治の詩碑があったり、聖少女像のようなモニュメントが置かれている。中の橋を過ぎると右側に城跡公園が広がり、森蔭に巨大なトーテムポールが建っていた。

トーテムポールは北太平洋、ブリティッシュ・コロンビア州の少数民族の象徴ともいえるもので、通常は家の前に建て、動物たちのフィギュアはその家の系譜を意味している。友好の証として、ヴィクトリア市から寄贈されたものである。

下の橋には木製の古い欄干に青銅の擬宝珠《ぎぼし》が取りつけられていた。京都の賀茂川のものに似せたようで、国の重要美術品となっている。ここも何となく古都を思わせる雰囲気だ。

新渡戸稲造の生誕地は橋を渡ると左手にあった。「新渡戸緑地」と呼ばれるここは小公園のようになっており、つつじが植えられ、萩が咲いていた。

新渡戸は群れて咲く萩の花が好きだった。萩は山野や庭に咲く平凡な落葉低木で、薔薇のような艶やかさはなく、つつじのような一過性の華やかさはない。夏から秋にかけて人知れず咲き人知れず散る花である。いかにも新渡戸の繊細な感受性を思わせる花である。

ついでに言うと、新渡戸は秋と月が好きだった。

——見る人の心々にまかせ置きて
　高嶺に澄める秋の夜の月

この鈴木弘恭の古歌を好んで時々に使っている。

自分に対する世評などはどうでもよく、澄んだ月のようにいつも孤高でありたい、との心情だろう。新渡戸は国際性に富み反骨精神の持ち主であったが、同時に優しさ繊細な感性をもつ人でもあった。

ここでの像は三つ揃いの洋服に、眼鏡をかけ、椅子に腰かけ、手を口元にもっていっている。ほのかな笑いがこぼれるようだ。温厚で知的ないつもの新渡戸像である。おそらく軽井沢の別荘でくつろいでいる時のものだろう。

静けさのなかでひとり新渡戸は微笑んでいる。

つがいのヒヨドリが樹間を飛び去って行った。

〝新渡戸ワールド〟を目で楽しむ

市内の「盛岡先人記念館」へ行った。

先人記念館は城跡公園の東北本線を渡って反対側、雫石川のほとり中央公園の中にあった。白亜の壁と黒板の玄関の和洋折衷のモダンな建物で、川を隔てて美麗な岩手山が堂々と聳える。

金田一京助、石川啄木、宮沢賢治、原敬、米内光政など岩手県が生んだ郷土の偉人百三十人を顕彰し、その業績を学ぶための資料が展示されている。

新渡戸稲造の記念室は入口近くにあり、中央に大きな世界地図が置かれ広々としていた。コーナーには胸像があり、部屋の四面には新渡戸にまつわるテーマ別の資料が展示されていた。目で見る〝新渡戸ワールド〟だ。

〝BUSHIDO〟の初版本があった。明治三十三（一九〇〇）年、フィラデルフィアのリーズ・アンド・ビドル社から出された本で、緑色の表紙に桜花と朝日のカットがある。何とも派手なデザインとなっているのがやはりアメリカ版なのだと変な納得をした。日本での翻訳本はこれより遅れること八年、明治四十一年のことだった。

珍しいのは新渡戸の描いたオリジナル「双六《すごろく》」だ。ポンチ絵のような図柄が描かれ、振り出しが「病院の移転」で、あがりが「伯爵祝の鰻どんぶり」。暇つぶしの役人の風情、新渡戸本人やメアリー夫人と思われる絵もあり、子どもたちと真剣に遊ぶ新渡戸の姿が想像できるようだ。

革靴の見本も面白い。ドイツのボンに留学中に作ったもので、哲学者や宗教家、作家に靴屋出身が多いということを知り、製靴の手始めをしたようだ。なかなかお洒落な革靴である。新渡戸は頭脳も優れていたが、手先も器用だったようだ。天はいくつの才能を一人の人間に与えたのだろうか、うらやむばかりだ。

――いくとせも國安かれと祈るらん
　たゞひとすじに武士《もののふ》の道

先人記念館の一角に置かれた墨文字に一瞬惹きつけられた。

見れば「悲運の家老〜楢山佐渡、辞世の歌」とある。説明書きを読むと、楢山家は南部一門として代々家老を務めた家柄で、佐渡も弱冠二十二歳にして家老職に就き、後には主席家老として藩政の改革に奔走した、とある。

佐渡は疲弊した藩財政を立て直し、江戸時代最大規模だったという三閉伊一揆をおさめ、藩の危機を救い、藩主利剛も厚く彼の忠義に感謝した。

慶応四年二月、鳥羽・伏見の戦いののち旧幕府側と薩長側に揺れる藩の行く末を定めるべく、佐渡は主席家老として京都へ赴く。西郷隆盛を訪ねるが、そのとき西郷は薩摩藩士とともに胡坐《あぐら》をかき、出向いた佐渡への挨拶もそこそこに牛肉鍋をつっき、周囲の志士は酒に酔って談論風発。「まったく呆れ果てたものだ。武士の作法も地に落ちた」と佐渡は早々に退出した。また祇園、島原の遊郭ではわがもの顔で横行し、人もなげなふるまいをする薩長の田舎サムライの姿に憤慨した。「酔うては眠る美人の膝、醒めては握る天下の権」などと豪語する彼らには武士の「礼」は微塵もない。会津藩が天皇への恭順を示したにもかかわらず進撃を強引に推し進める新政府も「義」を失している。

佐渡は薩長の標的とされた会津藩と庄内藩に同情し、奥羽越列藩同盟への参加を決意する。同盟を脱退した秋田藩を佐渡は南部藩士の先頭に立って攻め、果敢な働きをするが、やがて新政府軍の援軍が押し寄せ盛岡藩は敗れた。

佐渡には心残りがあった。目付役の部下でもあり友人でもあった中嶋源蔵が奥羽越列藩同盟参加に反対し佐渡に忠言した。佐渡は同盟参加を決めた本人だったからだ。中嶋は自らの意見が聞き入れられないと悟ると、退座して腹を掻っ切り、臓物を壁に投げつけ、「佐渡を呼べ、黒白決したい」と叫んだという。佐渡が駆けつけると、「皇国に忠誠を尽くしてほしい。私のいうことを聞いてくれなければ死んでも死にきれない」と言葉を残してこと切れた。

奥羽越列藩同盟に加わった佐渡は主席家老として戦争責任を一身で受ける形となり、翌年故郷盛岡で切腹をもって処刑された。

佐渡の藩を思い、皇国を思う願いは中嶋と同じだった。処刑を待つ間、佐渡は、

「このまま死んだら中嶋源蔵に申し訳が立たない」

と、前述の辞世の歌を詠んだという。

「武士道」は楢山佐渡の遺言状だったか

長かった盛岡の秋の一日は終わり、喉が渇き一杯飲みたくなった。

盛岡は〝昭和のショットバー〟が人気だという。人口三十万の町にショットバーは四十軒近くを数える。清涼な夏の夕べ、しんしんと雪降り積もる冬、そうした季節の彩りに恵まれた盛岡は大人のショットバーが似合うのかもしれない。「Bacchus（バッカス）」「SCOTCH HOUSE（スコッチハウス）」「The bar 佐藤」など有名店も多い。その老舗の一つ「Lupin（ルパン）」のカウンターに座った。

お目当ては'INAZO カクテル'だ。稲造は酒場の人気者としても登場していたのである。

"INAZO"はカナディアンクラブに地元産の山ぶどうジュースを加え、ジンジャーエールで割ったカクテルだ。喉元爽やか、お洒落な味わいの飲み物で、食前酒、食後酒ともにお勧めできそうだ。盛岡出身の映画監督・大友啓史が考案し、十年ほど前、稲造生誕百五十年を期に誕生したという。稲造はクリスチャンだったから禁酒生活を送っていたのか、と思ったら、マスターの淵澤裕二さんによれば、ドイツ留学時にはビールを楽しみ、メアリーとの食事や来客時にはワインを愛飲していたようだ、と聞いてなんだか安心した。稲造が少し近づける人になった。

盛岡では稲造は生きている。

カクテルもそうだが、令和六年、自主製作で野澤和之が監督したドキュメンタリー映画「新渡戸の夢〜学ぶことは生きる証」も話題を呼んでいる。「教育はどんな状況でもその権利を与えられなければならない」――という新渡戸の信念を映像化したものだ。

ひとりカクテルを傾けながら楢山佐渡の肖像画を思い出していた。出陣時の姿だろう。陣羽織を着て、兜を被り、キリリと口元を結んでいる。色白で鋭く吊り上がった眼、右手に采配をもち、左手は刀を握る。絵に描いたような武士《もののふ》である。

そうか、この楢山佐渡が新渡戸稲造の心を揺り動かしていたのだ。

義、勇、仁、忠義、切腹、和歌……佐渡の生きざま、死にざまに新渡戸の BUSHIDO 論の多くが当てはまるではないか。養父となった太田時敏も同じ南部藩士だった。太田は尊敬する楢山佐渡の切腹の介錯人になるのを拒否して、武士を捨て上京して商人となった人だ。おそらく幼い稲造はこの養父から楢山の話は幾度も聞かされていたことだろう。

新渡戸はアメリカで休養中に故郷の盛岡を偲び、楢山佐渡を思い出し、BUSHIDOを書く気になった。悲運の家老に彼は心から思いを寄せた。

“BUSHIDO”は楢山佐渡の中嶋源蔵への果たせなかった遺言状だったのかもしれない。

第九章　内村鑑三『代表的日本人』を読む

日清戦争の火ぶた

内村鑑三の代表作といえば『代表的日本人』、『余はいかにしてキリスト信徒となりしか』、『後世への最大遺物』の三冊だろう。

『代表的日本人』に関しては後述したい。『余はいかにしてキリスト信徒となりしか』は内村の札幌農学校時代からアメリカ留学を終えるまでの青春期の自伝的日記で、本書七章でその概略を追った。今一つ加えるとすると『キリスト教徒のなぐさめ』で、本書は不敬事件以後、愛妻の死、失業、極貧の暮らしのなかで熱い信仰に燃えながらも〝苦難の僕《しもべ》〟として生きた内村自身の後半の人生を語っている。

『後世への最大遺物』は明治二十七（一八九四）年、箱根芦の湖畔で行われた基督教青年会（ＹＭＣＡ）の夏期講演会での内村の講話録である（ちなみに内村は札幌ＹＭＣＡの創立者の一人でもある）。ここで内村は集まった青年たちに未来のあるべき人生の道を説き、人が後世に残すべきものはなにか、を語っている。有名な言葉は、「美しい地球、美しい国、楽しい社会、われわれを育ててくれた山、河、これらに私が何も遺さずには死んでしまいたくない」である。

そのため「金」は大切なものであり、キリスト教徒にとって金は蔑視すべきものではない、と説く。ニューイングランドのピューリタンの教えである。

金銭感覚は軽視すべきものではなく、勤労を通しての豊かな経済生活を重視している。それがアメリカ建国に至る基本精神となり、さらにはアメリカ資本主義国家形成への原動力ともなったのだ。

政治家でもなく、文学者でもなく、芸術家でもない普通の人々が後世に残せるものは、その人のたゆまぬ努力によって得た「高尚なる生涯」だと内村は説いた。

世は立身出世主義が讃美されていたが、内村の説いた人生論は真逆をゆくものであった。「あなたの人生のありようを残しなさい」――ということだ。

内村は講演の名手だった。声はよく伸び、大きな体軀から熱っぽく語られる精力的な講演には独特の雰囲気と迫力があった。正宗白鳥、島崎藤村もその謦咳に触れ、ただならぬ印象を伝えている。

内村の執筆の最盛期は日清戦争から日露戦争までの約十年間、三十三歳から四十三歳、男が一番脂の乗る壮年期のことであった（内村自身が創刊した「聖書之研究」誌は生涯にわたり書き続けるが）。しかし、実生活は貧しく各地の学校の教員を渡り歩きながら借金生活を重ねるという苦境の時でもあった。

内村は青年たちにはそんな気配は一切見せず明るく闊達に語りかけた。

明治二十七年という年は日清戦争の火ぶたが切って落とされた年だ。

このとき、日本という国はお雇い外国人や帰国留学生から西洋の科学・文明をすべからく入手し、国内の産業革命を成功させ、農業生産力は向上し、国力は膨張し国家高揚の時代だった。

日清戦争は近代日本がはじめて経験する本格的な対外戦争である。

朝鮮半島をめぐる日清両国の利害の対立が主な原因だった。もとより朝鮮は中国の朝貢国であり宗主国は中国で、政治指導や経済活動は中国に頼っていた。一方、日本にはロシアの脅威があり、ロシアの南下を防ぐためには朝鮮半島を掌中にしておくことが望まれた。

朝鮮は当時旱魃と飢饉のなかにあり、政府官僚の賄賂や不正取引が頻繁に行われ、また日本政府の買い占めによる米価高騰に農民がたまりかねて暴動を起こした（東学党の乱）。朝鮮政府は動乱を収めようと清国に出兵を求めた。そうなると朝鮮は清国のものとなる、と危惧した日本は朝鮮へ軍隊を派遣した。今でいえば西側の浸透を食い止めるという目的でウクライナへ侵略したロシアと状況はよく似ている。敵陣化する恐れを防ぐための先制攻撃である。

当初内村はこの戦争を〝義の戦い〟として弁護した。大国（清）の圧迫に苦しむ隣国・朝鮮を救うべきだと思ったのだ（福沢諭吉も日清戦争に関しては否定していない。彼は清国の朝鮮干渉を文明の伝播を妨げる、耐えがたい暴挙だとみなしていた）。しかし内村はその後、この戦争は日本の利欲のために起こったことを悟り、反省し自らに罪を下した。

戦いは一年も経ずに終了した。近代化に成功した国と近代化に乗り遅れた国との差であった。

このとき、清国はアヘン戦争でイギリスに敗れ、領土を割譲されるなどして半植民地となり国力は減じていたが、権力の頂点にあった西太后は贅の限りを尽くし、国政を顧みていなかった。

清国軍は端緒から自慢の北洋艦隊が敗れ、続く平壌の戦い、黄海の海戦でも日本軍に敗れ、時の全権大使・李鴻章はやむなく下関で講和条約を結んだ。

その結果、日本は中国に朝鮮の独立を認めさせ、同時に台湾、澎湖《ぼうこ》諸島、遼東半島を領土化した。しかし条約締結の六日後、ロシア、フランス、ドイツの三国が干渉し、日本の遼東半島獲得を許さなかったことは周知のことだ。

国民は「臥薪嘗胆《がしんしょうたん》」を合言葉に反ロシア感情が高まった。十年後の日露戦争はすでにこのあたりからはじまっている。

極東の小国が大陸の大国と戦い、世界の予想に反して打ち負かしたのである。この戦いの勝利で日本は世界五大列強の仲間入りを果たした。

ある学者の調査によれば、一八〇〇年に白人が支配する土地は地球上三十五パーセントだったが、第一次世界大戦がはじまる一九一四年になるとこの数値は八十四パーセントになるという。百年ばかりの間にいかに白人による植民地争奪戦が劇的に進行したかが理解できる。

このとき日本は植民地化されるアジアの中にあって唯一勝ち組となっていた。日本は東アジアを束ねその盟主たらんと朝鮮半島を支配下においた。

中世の蒙古襲来は天の助けでこの国は侵されなかった。五千年の歴史をもつ大国中国に敢然と戦い勝利した。——この国は〝神風の吹く国〟〝霊の国〟ではないかと、人々は確信した。天皇を頂点とした国体はさらに軍事的気風を強めてゆくのである。

内村の『代表的日本人』はこうした時代のなかで書かれていたことを記憶に留めておきたい。

内村の『代表的日本人』を読む

内村鑑三の『代表的日本人』は、新渡戸稲造の『武士道』、岡倉天心の『茶の本』と並び日本文化、日本人の心を明治時代に英語で書き欧米人にその心を伝えた内村の代表作といっていい。

近代の西欧諸国は「個」を確立した市民によりナショナリズムを進展させ「国民国家」を築いてきたが、日本の場合、人民は江戸時代以来長らく藩及び幕府の領地従属民であって、市民であるべき

「個」の意識は閉ざされたままだった。ただ単なる年貢（税金）納めのための領民であり続けたのである。明治維新により文明の近代化は図られたが、維新政府は天皇を神とし、藩閥らは〝神官〟となり人民を御し近代国家を急造した。従って市民社会は形成されることなく「個」は長らく捨て置かれ、所謂西欧にみるような「国民国家」は育ってこなかった。そうしたなかで新渡戸や内村は早くから「個」を自覚し、国際人の視座をもつという、極めて先進的な存在であった。クラークが種を蒔いた自由主義思想が、ここにきてやっと実ってきたのである。

当時日本は野蛮な異教徒の国、知られざる隠者の国などと欧米諸国に蔑まれていた。欧化政策の一環として開催された鹿鳴館の舞踏会などは西洋人からは嘲笑され〝黄色人種の猿真似〟などと揶揄されていた。

『代表的日本人』は古来日本人のもつ美しい心情、逞しい大和魂を説き、仏教、儒教を基盤にした日本人の道徳を解きほぐし、キリスト教精神が日本の土壌に根を下し、成熟することを確信して書かれた。内村の志すJ＆J（Jesus & Japan）の論証であった。それまで輪郭のぼやけたのっぺらぼうのような日本人像がこの書により顔立ち、容貌のはっきりした「個」であることを証明したのだ。

内村は西郷隆盛、上杉鷹山、二宮尊徳、中江藤樹、日蓮の日本人五人を取り上げ、その歴史的役割、人となり、信念を解説した。

西郷は革命始動の原動力であり、革命精神そのものの象徴であった。しかも人柄としては驕ることはなく、普段着のまま立ち振る舞った。薩摩がすりに兵児帯《へこおび》、大きな下駄を履いて宮中の晩餐会へも出かける人だった。このような質素で謙虚な西郷の姿勢は〝聖者〟に近いと内村は語る。

友情に厚いことも西郷の美点だった。幕府に追われた僧・月照が西郷のもとへ保護を求めてきたとき、西郷は自分では守り切れないと判断すると、月照を説得し、海に漕ぎ出てともに海中に身を投じた。月照は溺れ、西郷は一命を留めたが、友人に対する情として、自らの生命を惜しまなかった。欧米の読者なら、ここで聖書の言葉、「ふたりはひとりにまさる。彼らはその労苦によって良い報いを受けるからである。すなわち彼らが倒れる時には、そのひとりがその友を助け起す」（「伝道の書」四章九〜十節）を想起するだろう。

江戸城開城の数日前、西郷は勝海舟とともに愛宕山を散歩する。眼下に広がる壮大な都を眺め、「われわれが一戦を交えると、この罪もない人々が、われわれのせいで苦しむことになる」と語った。江戸は救われ、和平が結ばれた。

内村は西郷の背後にピューリタンの理想像を重ねている。質実剛健、実質主義、平和博愛……、たとえ異教徒であろうと心はすべて同じであった。

「天を相手にせよ。人を相手にするな。すべてを天のためになせ。人をとがめず、ただ自分の誠の不足をかえりみよ」

西郷の放った「天」という言葉を、内村は「神」に置き換えていたのではなかったか。

上杉鷹山は日本の江戸中期の封建領主である。

九州宮崎の秋月家から養子に入り上杉家の世継ぎとなった時、鷹山はまだ十六歳の少年だった。上杉家は上杉謙信の戦国時代、越後領など広大な領地をもつ百万石の大名だった。それが関ヶ原で石田三成側についたがために減封となり三十万石に。さらに米沢に移封され、鷹山が藩主になった時はわずか十五万石となっていた。貧困が領地を覆い、全国一の貧乏藩と成り果てていた。

鷹山は倹約を第一に掲げた。自らの家計を五分の一に抑え、五十人いた女中を九人とし、家来の手当は半分に減給した。食事は一汁一菜を守り、十六年かけてそれまでの債務を清算したのであった。鷹山の才覚は藩の収入を産業の育成資金に充てたことだった。ウルシ、コウゾ、桑など百万本を領地に植え、養蚕、織物、製紙技術を導入、今でいう地産のブランド化に成功した。さらに藩校、医学校など教育に力を注ぎ、公娼の廃止など公共福祉事業にも力を注いだ。

荒地に花々が咲き誇り、実り豊かな沃地がよみがえった。

第三十五代、アメリカ大統領だったジョン・F・ケネディの座右の銘は上杉の、「なせば成る、なさねば成らぬ何事も、成らぬは人の為さぬなりけり」の訓示だった。

大統領に就任したとき、「日本でもっとも尊敬する政治家は？」と日本人記者に聞かれ、ケネディはすかさず上杉鷹山と答えたという。内村鑑三の『代表的日本人』を読んでいたのだろう。

ケネディは四十三歳の若さで大統領に選ばれ、ニューフロンティア精神を掲げた。

「国家があなたに何をしてくれるかではなく、あなたが国家に何ができるかを問おうではないか」

前大統領、アイゼンハウワー時代からはじまった不況を打開するため、極貧の米沢藩を立て直した若き上杉鷹山に学ぼうとしたのである。

平成二十五（二〇一三）年、駐日日本大使となったケネディの長女キャロライン・ケネディは、来日早々米沢を訪れている。父親の尊敬した鷹山の故郷を見ておきたかったからだ。

山形県民の信仰の山といわれる白鷹山《しらたかやま》（置賜郡）の山頂には二人を記念した石碑が建っている。一つは上杉鷹山の「伝国の辞」、今一つはジョン・F・ケネディの大統領就任演説の言葉が刻まれている。

内村の書は思わぬところで、日米の出会いを結んでいた。生前内村がこの事実を知ったら小躍りして喜んだに違いない。内村はアメリカからもらったキリスト教の枝は日本の霊が大木に育てる、と確信していたからだ。


今は見かけなくなったが、昔は小学校の校庭の一角に、薪を背中に背負い、本を広げて読む少年像が建っていた。二宮金次郎像（尊徳は号）である。

江戸後期、貧しい小田原の農家に生まれ、十三歳で父親を亡くし、二年後には母も亡くなり、父方の伯父のところへ引き取られる。昼間は農家の仕事の手伝いをし、皆が眠った深夜に勉学に励むけなげな少年だった。やがて両親の家に帰ると、長年放っておかれた家は崩れ、野草は伸び、田畑は荒れ放題だった。尊徳は畑に鍬を入れ、荒地を沃野に変えていった。倹約、勤勉が資産を作った。二十四歳のとき一町四反の農地は甦り一家の再興に成功した。

小田原の藩主がその噂を聞きつけ、尊徳に藩の飛び地、下野《しもつけ》国の三村の管理・復興を委託した。村は数代に渡り放置され、人口は三分の一に減っていた。尊徳はまずは検分を実行、村民と共に過ごし、各戸を訪ね暮らしぶりを観察した。そこにはもはや希望を失くした村民の無力で怠慢な暮らしが垣間見られた。

――「仁術さえ施せば村は豊かな生活を取り戻せる」――という信念のもと、仁愛、勤勉、自助――道徳の力を経済改革の要素として取り入れた。

内村は、「この人間にはピューリタンの血が少しあったのです」と書く。

二宮尊徳の章のサブタイトルには「農民聖者」とある。

尊徳には聖者のような自己犠牲の精神があり、自分の家を捨てねば他村の家々は救えないという覚悟があった。彼は家を処分し、故郷を後にした。普通の農家に暮らし、衣食の贅沢を避け、畑には人一倍早く出て、仕事を終えるのは最後の人だった。

村民は尊徳に導かれ、徳を得て村は甦った。約束の十年間で米の生産高は国内でも有数の耕地となった。

噂が広がり、各藩からの依頼があり、ついには幕府の大仕事（利根川分水路工事、日光神領再興）も引き受け成功した。徳が貧から人を救い、仁が穏やかな平和をもたらしたのだ。

各藩の家老格の重鎮らが尊徳の講話を聴きに来た。彼は、

――国が饑饉をむかえ、倉庫は空になり、民の食べるものがない。この責任は、治者以外にないではありませんか。（中略）治者は天に対して自己の罪を認め、みずから進んで食を断ち、死すべきであります！　ついで配下の大夫、郡奉行、代官も同じく食を断って死すべきであります。その人々もまた職務を怠り、民に死と苦しみをもたらしたからであります。

と、説いた。

この時代に君主に死ね、と言える人間は〝聖者〟でしかないだろう。二宮尊徳は聖書の預言者に近い存在だった。

日本の地方の田園は緑の水田が美しい。きめ細かく整地され、その丁寧さはまるで絵に描いたジオラマのようである。日本の国土のほとんどは山林で、耕地は約二割しかない。

――農業は国家存立の大本である。

内村は農業を基本とすべき国体の在り方を農学校の時代から訴え続けてきた。西洋文明と接触のなかった明治まで機械文明をもたなかった日本人は、たゆまぬ勤勉さで豊かさを補ってきたのである。

それは二宮尊徳ら無名の聖者らが飢餓の時代に忽然と現れ、モーセ（預言者）となって民を導いてきたからだった。

中江藤樹は江戸時代の儒学者で陽明学の始祖といわれる。少年期、藤樹は伊予国大洲で育つが、内向性の静かで穏やかな勉強好きな性格だった。十一歳で「大学」を読み、独学で朱子学を学ぶ。

内村が注目したのは藤樹の母思いの「孝」である。

二十七歳のとき、藤樹に転機が訪れる。伊予大洲藩では頭角を現し、十九歳ですでに郡奉行となる出世ぶりだったが、故郷に残した老いた母親の面倒をみることを決意。家老に一通の手紙を託し、家屋敷、家財、禄米をそのまま残し脱藩した。その理由は、君主は藤樹のような家来は手当（報酬）を出せば得られるが、自分の老母は自分以外には誰も頼ることができない、というものだった。彼は出世よりも孝行を選んだのである。

故郷に帰った藤樹は刀を処分し、酒の行商人になって日々の糧を稼ぎ、やがて私塾を開くことになる。〝村の先生〟となったのである。

武士、商人、農民、大人から子どもまで、階級に隔てなく講義を行い、〝積善〟（善行を積み重ねることで人生の慶を得る）を説いた。

武士が人の上にあって世を支配した時代に、藤樹は「平等」の精神に基づき、人間として生きるべき真実を求め、実践した。清貧のなかで求道生活を続け、その精神はのちに大塩平八郎や吉田松陰に引き継がれることになる。

内村は「藤樹の外面的な穏やかさは心の中に一大王国があり、内面的な充足の反映だ」と説き、「藤樹は九分の霊とわずか一分の肉からなる」天使に近い存在で、世にいわれたように「近江聖人」にふさわしい人徳者であることを絶賛した。

内村はさらに僧侶として日蓮上人を代表的日本人に選んでいる。日蓮は鎌倉時代の僧で全国五千寺、信徒二百万人といわれる日蓮宗の開祖。不撓《ふとう》不屈の人であり戦う僧侶である。

日蓮を最後にもってきたのは、おそらく内村にもっとも近く、もっとも共感する存在だったからではないか。内村も生涯戦う信徒だったからだ。

日蓮は承久四（一二二二）年、安房国、漁師の家に生まれた。十二歳で近くの寺に引き取られ、修行を重ね、十六歳で得度《とくど》して僧侶となる。中世の封建社会では低い身分の才能あるものが世に出るには僧侶の道しかなかった。蓮長と名乗り諸国遍歴の旅に出る。蓮長の悩みは仏教に多くの宗派があることだった。祈りの道は一つであるはずだが宗派、分派に分かれ互いにいがみあっている。それは内村にも同じことだった。札幌で独立教会を興したのは、まさしく諸教派の対立が原因だったからだ。

仏典には「依法《えほう》不依人《ふえにん》」という言葉がある。「真理の教えを信じ人に頼るな」という教えである。経文こそ頼るべきもので宗派に頼るべきではない。それは内村が聖書のみを道とした考えと同じであった。

蓮長は当時の都、鎌倉へ向かった。しかし、そこには巨大な寺院が聳え、華美な衣装をまとった僧侶らが闊歩しており、上流階級は禅宗、下層階級は浄土真宗と差別されていた。蓮長の目にはそれら華美なるものは外道と映った。世は末法の時代が到来している。天変地異の起こる過酷な時代には生き延びるための新しい信仰が必要だ、と虚偽に満ちた都を離れ、比叡山へと入山した。

——一つの経典と法とのために、自分の生命を賭して立ったのは蓮長だけであります。

と、内村は力を込めて説く。

それは聖書一つを拠り所としたわが身を日蓮に重ねた内村の本心だった。

鎌倉に戻った日蓮は鄙びた草庵に暮らし、ひとり托鉢に出て、辻説法を重ねた。日蓮は経典主義者であり、偶像崇拝者ではない。僧侶らは日蓮を無礼者、冒瀆者、山師と反撃し、彼らのパトロンとなっていた北条家に訴え、日蓮は伊豆、さらに佐渡へと流刑となった。

しかし大衆は真理の味方だった。「南無妙法蓮華経」の唱和は次第に広まり、怒濤のように鎌倉の谷間に響いた。さすがに北条家も恐怖を感じ恩赦した。戦さや飢餓のやまない中世の世に、日蓮の説く末法思想は人々に生きる希望を与えた。地震などの天災、蒙古襲来など立て続けに起こる世の不安に日蓮の言葉は民に光を与えた。

——恐れをもっとも知らぬ人間、この人の勇気は、自分が仏陀の、この世への特別の使者であるという確信から生じたものでした。日蓮自身はとるにたらない「海辺のいやしい身分の子」でありましたが、法華経の伝道者たる能力においては、この人物は、天地全体に匹敵するほど重要でありました。

内村はわが身を語るかのように、日蓮におのれを映した。

『代表的日本人』は、当初“Japan and the Japanese”(『日本及び日本人』)として明治二十七(一八九四)年に徳富蘇峰主宰の民友社から英文で出されたものである。そのとき日清戦争が起こり、その後軍事同盟たる日英同盟が締結され、その背景のもとに日露戦争勃発の機運が熟した。このとき内村は日清戦争への賛同を反省し、戦争は悪との見解に至り、〝絶対非戦論者〟としての立場を明確にした。その故あって内村は改稿ののちタイトルを‘Representative Men of Japan’と変えて出版したのであった。

『代表的日本人』は日本の歴史上の人物五人をそれぞれの階級から選び、解説しているが、全体を通して、そこにはキリスト信者・内村鑑三の視線が注がれ、聖書の箴《しん》言や海外のキリスト信者の言葉が散りばめられ、外国人を読者として想定し、読み易く整えている。

内村は日本の土壌にキリスト教の木を植え、それを大木に育てるため自らが伝道師となることを目指している。一方、根からの愛国者でもあり、ここに登場させた五人の日本人は内村が愛し、尊敬する大和男子たちだった。彼らはキリスト教の教えは知らないが倹約、勤勉、救済、隣人愛といった同根の魂をもつ者たちである。内村は本著で日本に独自のキリスト教が成熟する可能性のあることを世界に向かって説いて見せたのだ。武士道に接ぎ木した霊的なキリスト教、それは世界最善の産物であって全世界を救うだろう——ことを、内村は確信していた。

「J & J(Jesus&Japan)」のambitionはついぞ内村の頭から消え去ることはなかったのである。

日露戦争、非戦論を説く

このころ健闘する内村を支えたのは徳富蘇峰と黒岩涙香だった。徳富蘇峰は熊本出身で、熊本洋学校でキリスト教の影響を受け、熊本バンドの一員となり、同志社英学校に転学して新島襄から洗礼を受けた。ジャーナリストをめざし、自由、平和、平等社会の理想を訴え、明治二十（一八八七）年民友社を結成、さらに明治二十三年、「国民新聞」を創刊して、近代日本のオピニオンリーダーとなった。蘇峰はのちに変節して国家主義に傾倒し、帝国主義者となるが、このころはキリスト教と薩摩嫌いで内村とは同志関係にあった。内村は蘇峰の友情に応え、雑誌『国民之友』に健筆を振るった。

黒岩涙香（本名は周六）は高知出身のジャーナリスト、探検小説家で、内村と札幌農学校で同期だった黒岩四方之進《よものしん》の弟だった。四方之進はあのクラークの背を土足で踏みつけ樹上のコケを採った男である（クラークは四方之進らを土佐ボーイズと呼んで愛していた）。涙香は慶應義塾を中退し、新聞記者の経験を積み、明治二十五年、独立して日刊新聞「萬朝報《よろずちょうほう》」を創刊した。

萬朝報は当初いわゆるスクープを売物として、名士や名僧、名家の暴露記事を載せ、大衆紙として人気があった。社長の黒岩はいわゆる「三面記事」の命名者で〝まむしの周六〟の俗名で知られていた。やがて一般読者を獲得するため編集方針を刷新し、内村鑑三、幸徳秋水、堺利彦など当時一流の執筆陣を整えた。部数はうなぎ上りに増え、明治三十五年には十二万部を刷り、日本一の新聞となった（二位は十万部の大阪朝日新聞）。

涙香に誘われた内村は英文欄の主筆となり、月給百円で雇われた。当時の百円は高額（当時の教員、警官の初任給が八～九円ほど）で、内村にとっては望外の喜びだったろう。内村と幸徳は萬朝報の看板記者として活躍した。

明治三十三年、清国内で義和団事件が起こった。たび重なる列強の侵略に対して国内で外国人排斥運動が巻き起こったのである。「扶清滅洋《ふしんめつよう》」がそのスローガンだった。イギリス、ドイツ、フランスなどの列強は暴動鎮圧のため連合軍を結成し清国に出兵した。このとき連合軍の主力となったのがロシアと日本だった。ロシアはその後占拠した満州に居座り続け、遼東半島、旅順などの支配を確立していった。一方、日本は朝鮮半島の支配権を主張したが、ロシアはそれを受け入れず両国は対立することになった。

日本の選択はロシアと和平条約を結ぶか、イギリス（イギリスもロシアの南下を恐れていた）と組むか、のどちらかだったが、結局桂内閣はロシアとの交渉を断念し、日英同盟を選択し、明治三十七年、日本は開戦に踏み切った。

内村は「余は日露非開戦論者であるばかりではない。戦争絶対的廃止論者である。戦争は人を殺すことである。そうして人を殺すことは大犯罪である」と、明治三十六年六月に萬朝報に書き、自らの非戦の立場を示した。

また八月には「満州問題解決の精神」と題して、

――満州問題を解決せんとするに当《あた》つて我等の先づ第一に決定《さだ》め置くべき問題は「如何《どう》するのが満州並びに満州人のために最も利益である乎《か》」是《こ》れである。我等は勿論《もちろん》此事に関して露西亜《ろしあ》人の利益を謀《はか》るに及ばない、又日本人の利益をも謀つてはならない。満州は先づ第一に満州人のものであるから、我等は満州問題を決せんとするに方《あたつ》ては先づ第一に満州人の利益を謀るべきである。

と、独自の見解を発表している。

しかし、萬朝報は日露戦争に対して、政府の圧力もあってか、あるいは主戦派だった大多数の読者に譲歩したか、方針転換して参戦派に立場を変えた。内村は幸徳秋水、堺利彦とともに黒岩涙香と一旦袂を分かつことになった。

このとき、世の声は圧倒的に主戦派だった。「シベリア、バイカル湖まで取ってしまえ！」などと巷間ではかような暴言がまかり通っていた。

三国干渉の恨みも根底にあったが、あの〝眠れる獅子〟の大国清国に勝ったことが国民感情を鼓舞していたのだろう。このとき、日本は国力が向上しており、たとえば人口をみれば明治五年に三千四百八十万人だったが、明治三十七年には四千六百十三万人となり、日中戦争の起きる前年の昭和十一年には七千万人を超え明治初期の倍となっている。日本人の食生活は米に依存しており、狭い島国の耕作地を思うに、広大な満州の沃野への野望は高まっていた。

戦況はご存知だろうが、ウラジオストック沖、旅順港の海軍の攻勢があり、二〇三高地をめぐる陸軍の死闘があり、奉天への進撃、占領があり、最後は日本海海戦で敵のバルチック艦隊を沈めて日本が辛勝した。

小さなアジアの島国が欧州の強国と戦い、世界の予想に反して勝利を収めた。ふたたび神国・ニッポンが復活したのであった。

日清戦争と日露戦争のヒーローを比べてみると面白い。

日清戦争は「死んでも喇叭《ラッパ》を口から離さなかった木口小平」とかの無名の兵士だったが、日露戦争のヒーローは東郷平八郎（薩摩）、大山巌（薩摩）、児玉源太郎（長州）、乃木希典（長州）などの官僚・高級軍人である。つまり日本という国がたかだか十年の間に、いかに権力が集中されてきたかがわかろうというものだ。しかもそれらのほとんどが薩長藩閥であった。大久保利通、伊藤博文、木戸孝允、山縣有朋といった維新当時の立役者からすればすでに二世代目となっているが、ここまで変わらず藩閥政治が続いてきたという事実には驚くばかりだ。

近代日本という表向きの世界では、それまでの封建制社会を打ち破った輝かしい新興勢力であったが、実質は薩摩、長州という、かつての雄藩の軍閥政権が続いていた(現在もなお続いているようだが……)。

その軍事政権が天皇を抱いて以後の終わることなき戦争への道を牽引してゆくことになるのである。

第十章　有島武郎『生れ出づる悩み』

真冬の小樽へ

令和五（二〇二三）年一月二十六日、日本列島は十年ぶりという大寒波に襲われた。

JR北海道では運休が百五十三本、前日札幌―旭川間の特急「カムイ」は吹雪のため六時間以上立ち往生した。小中学校はすべて休校になっている。

この日、ニセコの有島記念館を訪ねる予定であった。

ニセコは今ではスキーリゾートとしてすっかり有名だが、かつては狩太《かりぶと》という名称だった。その狩太のマッカリベツ原野に有島武郎が父親から譲り受けた有島農場があった。記念館はかつての有島農場の事務所跡に建てられたものだ。

ニセコには冬に行きたい、とかねがね思っていた。有島の代表作『生れ出づる悩み』、『カインの末裔』はこの農場の冬を舞台にして書かれているからである。

この日札幌の最低気温はマイナス八度、稚内はマイナス十四度の予報である。

この小旅行は先行きどうなることか、と思った。

札幌駅を朝早めに出て、小樽には九時前に着いていた。九時三十八分、小樽発の倶知安《くっちゃん》行きに乗る予定だった。果たして運行されるかどうか心配だったが、駅員によれば前後の列車は運休となるが、この列車だけは運行する、とのことで一安心した。

二両編成のディーゼルカーは前面が雪だるまのようになって入線してきた。ローカル線のわりには新しい車両である。緑とオレンジのJR北海道の二本の帯が鮮やかで、銀メタルの車体は鈍く輝いている。寒風に晒されてホームで待っていた乗客はどっと乗りこみ座席はほぼ埋まってしまった。

定刻発車。しばらく高速道路と併走し、やがて市街地を離れ林間を走った。

通称「山線」と呼ばれる函館本線、小樽—長万部《おしやまんべ》の区間は明治の鉄道開設時から昭和二十年代頃まで函館と札幌を結ぶメインルートだった。しかし、長万部から苫小牧《とまこまい》への室蘭本線が開通してからは「海線」と呼ばれる噴火湾沿いの方が主流となり、内陸部で峠越えの多い「山線」はローカル線に格下げされた。かつては急行列車が多かったが、今は普通列車だけの区間運転となり果て、北海道新幹線札幌開通を目途に廃線が決まっている。

外はますます荒れ模様、吹雪である。塩谷を過ぎたところで日本海が眼下に広がった。三角の白い波頭が水平線まで重なっている。列車の両側はリンゴ畑だろうか、奇怪に伸びた白骨のような枝に固まった霧氷がこびりついている。残念ながら日本海の眺めはほんの一瞬で、列車は山側へと進路を変えた。その昔、蒸気機関車の汽笛がにしんの群れを遠ざけると、沿線漁民の反対運動があり景観のよい海側を走るルートは採用されなかったようだ。

川は凍っていて雪原のようだ。防雪林だろうか雪原のなかに一直線に落葉松が連なっている。

十時六分、余市に着く。「ようこそ　ニッカウヰスキー余市　蒸留所へ」の看板が見える。

余市は北海道でも気候が穏やかで、余市川の広い砂州上に町が築かれたため平坦で、小樽のように坂がなく暮らしやすい町といわれる。近年は札幌のベッドタウンとして人気があるようだ。ニッカウヰスキーが小樽ではなく本社をここに構えたのも納得できる。

ほとんどの乗客は余市で降り、車内は数人になってしまった。

余市を過ぎると登りになった。ディーゼルカーのエンジン音が高まる。山線には小沢《こざわ》、目名《めな》など五つの峠があり、ここは最初の稲穂峠だ。

有島も札幌から狩太の農場への行き来はこの山線を使っていたはずである。そう思えば、明治の文豪らに北海道の汽車旅を描写している作品は多くある。

——みぞれ降る石狩の野の汽車に読みし
　　ツルゲエネフの物語かな

石川啄木は函館から小樽、小樽から釧路へと新聞社の転職を重ねて放浪した。石もて故郷を追われた啄木は、この北海の地で歌人としての地位を確立した。

国木田独歩には『空知川の岸辺』、岩野泡鳴は『放浪』、幸田露伴にも『雪粉々』という作品がある。いずれも北海道を舞台とし、開拓時代の人々の生活の息吹を描いたものだ。

そういう文学筋からいえば、有島武郎は北海道文学の生みの親に違いない。有島は札幌に十二年間暮らし、旅人ではなく、生活人として北海道を描いた最初の人だからだ。亀井勝一郎、伊藤整、三浦綾子、原田康子、近くは渡辺淳一など一連の〝道産子作家〟が一家をなす前の時代である。

列車は山の中腹を走っている。然別、銀山と開拓時代そのままのような寒駅のホームを通り過ぎた。周囲は一面雪山で眼下に一軒だけ木造民家があるような秘境である。

小沢のホームに入線しかかる手前、一瞬、空が抜けた。吹雪もときどき呼吸するかのようで一瞬収まる時がある。右手には頂上を純白の雪に覆われたニセコアンヌプリの二つの峰が見えた。有島作品の中で「ニセコアン」と表記されているニセコ連山の最高峰（千三百八メートル）である。ならば左手には間もなく羊蹄山《ようていざん》が見えてくるかと目を見張っていたが、やはり重い雪雲の中にその姿は隠れたままだった。

十時五十五分、終着の倶知安に着く。数分の遅れだった。

倶知安の駅前広場からは堂々と立ちはだかる羊蹄山が見えるはずだった。しかし、吹雪のなかにその雄姿は見えない。もはや昼近くなっていたが、気温はむしろ下がってきたようだ。

有島記念館は倶知安から二駅目のニセコにある。わずか二駅だけの乗り継ぎなのに想定外、吹雪のなかパニックとなった。この事態だけでも短編小説が書けるほどだ。

倶知安から長万部行き普通列車は運休。ならばと数社あったタクシー会社に片っ端から電話したがいずれも空車はなく、断念せざるを得ない。困り果てていると、目の前をバスが走ってゆくではないか。そうか、バスは動いているのだ（循環バスなど時刻表には載っていない）、と息せき切って駅前の営業所で尋ねると、「ここは違う。あちら」と別のバス会社を紹介された。こんな小さな町なのにバス会社が二社あったのだ。該当バス会社に電話して確認したら、ニセコ行きのバスは運行中とのこと。そこで寒風吹き曝しのバス停で三十分ほども待つことになった。このとき、気温マイナス八度。風速は五メートル。体感温度はマイナス十三度となる。この寒さとひもじさは生涯忘れることはないだろう。

広大な土地に生まれた有島農場

有島記念館は、白亜の本館と隣接する展望塔が雪原のなかに厳然と現れた。格調ある立派な建物である。もはや歴史上の作家なので、記念館といえども慎まし気なものだろうと想像していたが意外だった。

館内には有島農場関係の資料室、特設展示室、ブックカフェがあり、カフェの脇には図書室のように有島の作品が並んでいる。ここではときどきコンサートも行われるようだ。

有島農場は明治三十(一八九七)年、北海道国有未開地処分法が公布された二年後、父親の武が土地払下げを申請、その翌年入手したものだった。

時の開拓使長官・黒田清隆はほとんど手付かずの原野を内地の実業家、富裕層に無償で貸し付け、十年以内に開墾して成功すれば、そのまま土地を供与するという方策をとった。北海道原野開拓の一手段であった。このとき多くの投機家が未開地を借り受け事業を始めた。例えば、今でこそ有名になった阿寒湖はかつて前田正名(官僚、実業家)が借り受け、林業、製糸業を試みたところだ。その後、前田は考えを改め、〝切る山ではなく観る山〟にすべきとスイスが観光を産業化して成功した事例に注目し環境を保全した。阿寒湖湖畔が俗化を免れ、美しい景観が保たれたのは前田の慧眼によるものだ。ついでに言えば当時北海道の政界・経済界は黒田を筆頭に、湯地定基(初代根室県令)、調所広丈(札幌農学校初代校長)、永山武四郎(第二代北海道庁長官)など薩摩藩閥が占有していた。前田正名も有島武も鹿児島出身である。

有島武が狩太の広大な土地を入手できたのは湯地定基の助言があったからといわれる。湯地は薩摩藩の藩医の子として生まれ、成人してから藩費で欧米に留学し、アメリカではマサチューセッツ農科大学に学び、かのクラークから農政学を学んでいる。さらに湯地は県令となった根室、道東でアメリカで学んだジャガイモ栽培を薦め、地元では「いも判官」と呼ばれた。いわば北海道のジャガイモの生みの親である。湯地は羊蹄山麓の狩太は根室よりも肥沃でジャガイモ栽培には好適地だということをわかっていて武に薦めたのだろう。

一般には武郎が札幌農学校へ入学したので、将来のことを考えて武が借入したといわれている。しかし私は武郎に農業志向があったとは思えない。父親の武自身に農業回帰の志があったのではなかったか。

薩摩の地方士族は普段は農業に励み、戦時に武士として戦う半農半士だった。武の父親宇兵衛（武郎の祖父）は御家騒動に巻き込まれトカラ列島の離島へ流罪となっている。罪人の子として日陰で育った武には新天地・北海道で大農場主として成功をおさめ、故郷の者たちを見返してやろうという野望があったに違いない。ともかく土地を取得して翌年の明治三十三年、羊蹄山の麓、マッカリベツ原野のただ中に小作人を募集し開墾がはじまった。

蝦夷富士と呼ばれる秀麗な羊蹄山を目の前に、アメリカの川を思わせる悠然とした尻別川《しりべつがわ》の流れるここは絵に描いたような別天地である。今では湯地が予言した通りジャガイモ畑が一面に広がるが、しかし美しい景観は開墾の厳しさとは無縁である。

函館本線の長万部――小樽・札幌間に直通の鉄道が開通したのは明治三十七年のことだ。それ以前ここは地平線の続く湿原と鬱蒼とした原始林が茂る荒れた原野にしか過ぎなかった。それでも武は三百四十町歩の農場からはじめ、のちの第二農場と合わせて四百四十四町歩（約百三十三万坪）もの土地に小作人を呼び込み開墾を図った。小作人は七十四戸まで膨らんだ。

父・武が大正五（一九一六）年に死去。その後を武郎が受け継いだ。しかし、その六年後、武郎は小作人らに農場を解放する。

「有限責任狩太共生農団信用利用組合」（狩太共生農団）という名目だった。それは小作人に個別に土地を与えるのではなく、小作人が集まって共同経営者となり、農場を共同運営・管理するという形だった。個々に農場を分配すると、弱小農民はたちまち大地主に買い占められるからだった。

武郎は、農場内の弥照《いやてる》神社に小作人らを集め、「君たちは相互扶助の精神で力を合わせて生きていってほしい」と、演説している。個々ではなく小作人たちの共同経営、つまり共産主義の生産方式だ。クロポトキンの「相互扶助」の精神がここで有島に引き継がれ実現した。

有島は不在地主という立場を自ら放棄して、農場解放を行った。

この経緯に至るには有島のここまでの心の変遷を説明しておく必要があるだろう。

農場解放という出来事

農学校を卒業して、一年間軍役に従ったのち、武郎は明治三十六（一九〇三）から三年間、アメリカへ留学した。森本厚吉の「迷ヘル羊ヲ導ク牧者ノ僕タラン」という呼びかけに応じ、自らのなすべき道を求めるための決断だった。二人の敬愛する先輩、新渡戸稲造と内村鑑三の留学経験の後追いの気持ちもあったに違いない。二人は上京し内村、新渡戸の家を訪ねた。

内村は反対だった。時は日露戦争前夜である。足尾銅山の鉱毒事件が発覚して世は騒然としていた。内村は自分の将来よりも今の日本の現実を直視し行動することが望ましいと二人を説いた。一方、新渡戸は賛成だった。新渡戸はその場で有島にハヴァフォード大学、森本にはジョンズ・ホプキンズ大学を勧めた。ハヴァフォード大学はフィラデルフィア郊外にある大学で、少数教育を旨としており、大学のキャンパスが樹木園という静かな環境に恵まれている。リトル・アイビーの一つでリベラルアーツ・カレッジ（専門大学ではなく広く教養を求め、人格形成を主たる目的とする大学）である。

有島は一年間、ハヴァフォード大学大学院で経済と歴史を学び、MA（修士号）を得、その後ハーバード大学大学院へ移り聴講生として美術史、宗教史を学んだ。その間、フレンド精神病院で看護人として働いたり、ボストン郊外の農場で農民を体験したり、ニューハンプシャー州の弁護士事務所で雑用係、炊事係として働いたりしている。いずれも自ら職を求めてのことだった。

ハヴァフォード大学はクエーカー系の大学で、新渡戸としては自らの精神的な跡継ぎを有島に期待したのだろう。精神病院での看護人経験は内村の経験を追体験するものだった。そう思うと、なんとも有島の純な性格がしのばれる。育ちのいい優等生が二人の優れた教師に必死についてゆこうとしているのだ。

新渡戸の ambition は「Love & Peace（太平洋にかける橋）」、内村の ambition は「J & J（Jesus & Japan）」だった。先輩二人の ambition は渡米前からはっきりとしていた。しかし、有島の ambition はいまだ茫洋としている。新渡戸はジョンズ・ホプキンズ大学で学位を取り母校の教授に招かれ、教育者として第一目標を果たしていた。内村はキリスト教の開示を得て、帰国して伝道師たることに身を投じた。

しかし、有島の ambition は見えてこない。悩める武郎の留学は自分探し、己の ambition を見つけるための旅だった。自らの人生のミッション（使命）を求めて渡米、留学したはずなのだが、先輩二人の追体験という努力はしているが、いずれも中途半端な形で終わっている。

有島はもとより迷いの多い人である。正・負の二元分裂をずっと心に宿し、良家の美少年という表面上の風貌は変わらぬが、心の底にはいつもそれをよしとはしない反逆心が疼いていた。

時代は明治三十年代で、明治初期の建国に燃えた骨太の丈夫《ますらお》たちの時代はすでに終わっている。日本では今や政党が成長し、立憲国家となり、明治も後半へと向かっている。新渡戸、内村の青春時代に比べると有島は〝遅れてやってきた青年〟なのである。そうした中でも有島は新渡戸、内村を師と崇め敬愛し、二人の影を追ってきた。卒業後もことあるごとに有島は二人へ生活報告の手紙を送っている。農場をやるか、教育者となるか、あるいは作家・文学者となるか、一筋縄ではいかない有島の性格が留学という庇護の中で揺れ動く。その間、イプセン、ツルゲーネフ、ゴーリキー、トルストイを読破。トルストイの反戦論に共鳴している。ホイットマンを知ったこともものちの有島に強い影響を与えた。ただしこのときは小説家として独立する意志はなく、あくまで文学愛好家の立場を崩さず、職業としては教官として生きようか、などと日記に綴っている。

有島の留学中、日露戦争が勃発し、アメリカ中が親日派と親露派に分かれて激論を交わし合っていた。この頃有島はキリスト教に対して疑問をもちはじめた。神の国、アメリカが好戦的な国であり、日露戦争に熱狂しているさまを見聞した有島は、この国と国民に疑問を感じた。平和主義、隣人への愛を説くキリスト教信仰が揺れはじめ、貧富、差別のない労働者階級主体の社会主義へと心は傾きはじめる。

ハーバード大学で知り合った金子喜一の影響も大きい。

金子喜一は有島より三歳上で、三十四歳の若さで世を去った社会主義運動家の草分けだった。ハーバード大学を卒業して帰国、ジャーナリストとして萬朝報や平民新聞に執筆し、ふたたび渡米してシカゴ・ソーシャリスト・デイリーの記者となる。米国人女性のジョセフィン・コンガーと結婚し、ともに社会主義フェミニストとして活躍した。キリスト教は森本厚吉だったが、社会主義は金子が誘導した。

精神病院で知り合ったドクター・スコットのことも忘れられない。信心深い彼は事業に失敗した弟の自殺を自分が救えなかったことで悩み、罪の意識に苛まれ精神病を患い入院していた。キリストに救いを求めたがかなわず、退院してのち自らも自殺してしまった。有島は新聞でスコット氏自殺の記事を読み神の存在をはじめて疑った。

明治時代のインテリの課題はキリスト教と社会主義である。有島はまさにこのインテリの苦悩の構図の中にあってひとり悩むのであった。

アメリカ留学ののち有島はヨーロッパ各国を弟の生馬とともに巡っている。世界への見聞を広めたかったからだろう。それにしてもこのほぼ四年間を海外で遊学させる財力が有島家（弟の生馬もイタリアに留学している）にあったことは羨むばかりだ。

武郎にとって大きな存在だった父親武は横浜税関長、国債局長を歴任したのち、上司とぶつかり、いったん野に下るが、その後ふたたび頭角を現し、日本鉄道会社専務、日本郵船の役員などをして実業界に躍り出た。清廉剛直な人だったが、薩摩藩閥の影の恩恵もどこかにあったに違いない。

帰国途中、有島はロンドンで無政府主義者のクロポトキンに会いに行っている。そこで親しくもてなされたことは前述した通りだ。

倫理観に敏感だった有島は小作人を働かせ、そこから不労所得を得るという地主の立場にもとより罪悪感があった。農場解放は有島自らの余分な養分を削ぎ落とし、文学者として生活をたてるという

「宣言」だったのだろう。寄生虫たる自らを否定し、土地は万民のもの、という共産主義思想を実行したのだ。罪の意識が共産主義へ向かわせたのである。

キリスト教から社会、共産主義へ、さらには白樺派の人道主義へと有島の心は目まぐるしく移り変わる。

有島記念館で出迎えてくれた主任学芸員の伊藤大介さんは、

「有島武郎は長男という重圧にずっと悩んでいました。あの時代は長男が家を背負っていましたから。強権実行派で強く正しい言動をもつ父親に対して、自分はひ弱なこと。父親を尊敬し、愛しながらも反抗し、反抗しながらも反省するという矛盾した心に終生悩んでいたと思います」

と、語る。

確かに武は自分の意志をそのまま継がせようと、長男に武郎という自分の名を重ねたのだ。だから武郎は父親の死去を契機に肩の荷を下ろすがごとく農場を手放した。額に汗をかくことなく農場の利益を得ることの罪悪感からも解放されたかった。

『『親子』にそのあたりの事情が書かれています。『親子』の舞台となった坂が近くにあり、散歩道にもなっています」と、伊藤さんは続けた。

「小作人らは有島に恩義を感じたのですね?」

と、確かめてみた。

「そうですね。農場の歩みを心に留めておこうと、小作人の間で有島謝恩会が作られました。謝恩会はかつての農場事務所の一部分の高屋敷(有島親子が寝泊まりした部屋)を記念館として残し、記念館は資料などを保存、公開することになったのがはじまりです。高屋敷が火災となって消失したのち、この建物は有島の生誕百年を記念してニセコ町が建て謝恩会の意志を引き継いだものです」

有島記念館はかつての有島農場の記念として、歴史や資料を残すために建てられた。

つまり、現在の記念館は昔の農場管理事務所の二代目である。

「今はもう当時の小作農の方々や縁者はひとりも残っていません。でも記念館の住所は字《あざ》有島です。字名や踏切名で有島の名は今も残っています」

忘れないでおきたいのは、有島は農場解放後も小作人のことを思い、彼らが安定した収入を得るために稲作への転向を勧めていることだ。その水田作りのための灌漑用水を自費で整備している（その用水は有島灌漑として今も現存している）。有島の純粋さ、繊細な心遣いが伝わるエピソードである。

資料館には有島家関連の写真が展示されていた。

そのなかに「狩太農場事務所前にて」という大正五（一九一六）年に撮影された写真があった。武郎と農場管理人、隣の地主、その家族らと一緒に写っている記念写真だ。武郎は帽子を被り、防寒服を着こみ、長靴にゲートルを巻き、カメラを向いている。三十八歳のときで、農場解放前の写真だ。毅然としながらもどこか遠くを眺める哀愁を秘めた目元に有島の新たな決意と悩める心境が窺えるようだ。この年の夏、妻の安子がわずか二十七歳で亡くなった。権勢を振るった父親の武はその二か月後、七十四歳で世を去っている。心の支えをなくした有島はこのとき本格的に作家になろうと決意した。やっと自らの ambition を見つけたのだ。

記念館の帰りがけ、振り返ると一瞬、雪雲が切れ羊蹄山が現れた。

凍てつく空に神々しいまでに気高く、三角錐の華麗な独立峰が聳え立っていた。

あの威風堂々とした山は武郎の父親の仮姿だったのだろう。父親・武は武郎を見守り、見下ろしながら岩山のように聳え、迷える武郎の前に立ちはだかっていたのだ。

原罪を背負いさまようカインの末裔

『カインの末裔』は有島の代表作となるが、大正六（一九一七）年、この農場を舞台に書かれた。物語は松川農場という北海道の農場に広岡仁右衛門という小作人が妻と赤ん坊を連れ、馬を引きながらやってくるところからはじまる。地主で管理人の笠井は世話好きな男で、悲惨な家族に小屋を当てがう。ところが仁右衛門は感謝もせず、粗野そのもので自分のことだけしか考えない男だった。農場の誰からも疎まれ、地主ももはや契約を結ばない。そんな逆境を背負いながらも仁右衛門はひるまず、片足を折った馬の眉間を斧で打ち、皮を剝ぎ取り、妻と二人で農場を去ってゆく。

仁右衛門の破壊的な生き方は北海道の過酷な自然と同調しており、それでも力いっぱい不運な状況に対して生き続けようとするこの野人に有島は同情の視線を送った。

カインは旧約聖書のアダムとイブの息子である。神の命令でカインは土を耕す者となり、弟のアベルは羊を飼う者となった。時を経て神は二人から貢物を受け取った。カインは農作物を、アベルは子羊を差し出した。ところが神は羊だけを歓び、農作物には目をくれなかった。失望したカインは弟を野に呼び出し殺してしまう。人類最初の殺人である。以降カインはさまよえる民となり、人類はカインの罪を背負ってゆくことになる。

仁右衛門はそのさまよえる民、カインの末裔である。原罪を背負った人類の仮の姿だった。有島は自分の性格とは真反対のその男に逞しい肉体と荒ぶる精神を授けた。

「仁右衛門よ、地の果てまでゆき、地獄を見届けよ」と、ひそかなエールを送るのである。

『カインの末裔』は新時代の写実小説として文壇に評価され、有島は新進作家としての地位を掌中にした。

この作品は羊蹄山麓の荒々しい大地と厳しい自然があってこそ生まれた。小作人のひとりにモデルがいたかもしれないが、仁右衛門の血脈に流れる欲望、疑惑、破壊といった「罪」は人類がもつ共通の罪なのだ。その罪を雄大な自然が浄化してゆくかのような大地への賛美とそれでも生き続ける人間の生への礼賛が有島の意図するところだった。

わが ambition を確信

『生れ出づる悩み』は『カインの末裔』と並び有島の代表作の一つだ。

札幌白石のリンゴ園のなかの借家で暮らしていた頃、ひとりの少年が訪ねてくる。

――少し不機嫌そうな、口の重い、癇《かん》で背丈けが伸びきらないと云ったような少年だった。

少年は自分の描いた絵を見てほしい、という。見ると幼稚な技法、手荒な筆触であったが、その絵には不思議な力が籠っていた。

――私は一眼見て驚かずにはいられなかった。

少年は岩内の生まれだと言った。岩内は積丹《しゃこたん》半島の付け根にある日本海に面した漁港である。少年は自分が絵の才能があるかどうかを私に尋ねてきたのである。

「私」とは有島自身であり、少年は「君」あるいは「木本」と小説では表現されている。君とはのちに北海道画壇で頂点を極める木田金次郎である。

有島は絵にも才能があり、印象派ふうな油絵を若いころから描いていた。北大教官時代には学生たちを指導して「黒百合会」という美術グループを作った。木田少年はその黒百合会の展示会を見て有島の名を心に留めたのだ。

それから月日は流れた。私は妻を娶り、三人の子の父親となった。八年住み慣れた札幌を去り、妻の病気療養のために湘南に移り住んだ。いつしか「君」のことを忘れてしまっていた。

十年（実際には七年）経って、突然一封の小包が届いた。生臭い魚の匂いがして私は干物が送られてきたかと思った。中を開けると油紙の中に手垢で汚れ切ったスケッチ帖が三冊出てきた。どれもが鉛筆で描かれた風景画だったが、まぎれもなくそれは真の芸術家のみが描き得る大自然の肖像画であった。

その晩になって手紙が届いた。そこには「君」は今漁師となって働き、激しい労働に追われていること、本当は絵の具を使いたいが、金がないので我慢していること。故郷が好きだから、ただただ岩内の海と山を描いていることなどが書かれてあった。

「ついにやったな！」――私はその絵を見て、「君」の面影を浮かべながら下唇を噛んだ。手紙を読んで涙ぐんだ。

初冬の十一月、私は所用があり札幌へ行った。その時「君」に手紙を書き、狩太の農場で会いたい旨を伝えた。

吹雪の夜、「君」は現れた。素足に兵隊長靴を履き、帽子を被らず黒い外套を着た巨人のような体軀の男を見て、私は最初「君」だとは分からなかった。札幌で会った少し憂鬱気な少年はすっかり成長し、今や雄牛のように太い首と赤銅色の腕をもった健康そのものの青年となっていた。この頑丈で大ぶりな体のどこにあの繊細な自然描写のできる芸術感覚が宿っているのか、不思議なほどだった。

その晩二人は遅くまで語り明かした。岩内はかつてニシン漁が盛んだったが、群来《くき》はなくなり、鱈《たら》、烏賊《いか》と魚種も変わった。年老いた父親と病弱な兄のいる一家を支えて「君」は朝早くから夜が暮れるまで荒海と戦っている。時折時間があると近くの山に登り、北海の風景を描いた。

——逢《あ》う人は俺ら事気違いだというんです。けんど俺ら山をじっとこう見ていると、何もかも忘れてしまうんです。（中略）海を見れば海でいいが、山を見れば山でいい。勿体《もったい》ない位そこいらに素晴らしい好いものがあるんだが、力が足んねえです。

仁王《におう》のような逞ましい君の肉体に、少女のように敏感な魂を見出すのは、この上なく美しい事に私には思えた。（中略）そしてその夜は、君のいかにも自然な大きな生長と、その生長に対して君が持つ無意識な謙譲と執着とが私の心に強い感激を起させた。

小説の後半は厳しい岩内の風土、日毎生命をかける漁師の危険な作業を有島は丹念に描く。窮迫する家族を支える「君」のけなげな姿、暴風雨による遭難事故、自分の生命の危険にもひるまず息子たちの安全を見守る年老いた父親の姿、過酷な生活を強いられながらも寸時を惜しんでスケッチブック片手に山に登り、荒れた海を描き続ける「君」。思いつめて死への断崖を踏みこもうとまで追い詰められた「君」——。

——何んというだらしのない二重生活だ。俺《おれ》は一体俺に与えられた運命の生活に男らしく服従する覚悟でいるんじゃないか。それだのにまだ小っぽけな才能に未練を残して、柄にもない野心を捨てかねているとみえる。俺はどっちの生活にも真剣にはなれないのだ。

と、語らせる「君」の言葉はそのまま有島自身の心の告白に違いあるまい。

有島も筆一本で果たして生きてゆけるのか、がこの時最大のテーマだった。有島は「君」の生き方に共感しながら、自らの道を確かめていた。その自己の才能をあらん限りの筆力で表現しようとした。「君」の絵に有島は筆力で対抗した。

——北西の風が東に廻るにつれて、単色に堅く凍りついていた雲が、蒸されるにもやもやと崩れ出して、淡いながら暖い色の晴雲に変って行く。朝から風もなく晴れ渡った午後なぞ波打際に出てみると、やや緑色を帯びた青空の遥《はる》か遠くの地平線高く、幔幕《まんまく》を真一文字に張ったような雪雲の堆積《たいせき》に日が射して、万遍なく薔薇《ばら》色に輝いている。何と云う美妙な美しい色だ。冬はあすこまで遠退《の》いて行ったのだ。

——何んと云う宏大《こうだい》な厳《おごそ》かな景色だ。胆振《いぶり》の分水嶺《ぶんすいれい》から分かれて西南を指す一連の山波が、地平から力強く伸び上って段々高くなりながら、岩内の南方へ走って来ると、そこに図らずも陸の果てがあったので、突然水際に走りよった奔馬が、揃《そろ》えた前脚を踏み立てて、思わず平頸《ひらくび》を高く聳《そびや》かしたように、山は急にそそり立って、沸騰《ふっとう》せんばかりに天を摩《ま》している。

——朝の山には朝の命が、昼の山には昼の命があった。夕方の山には又しめやかな夕方の山の命がある。山の姿は、その線と蔭日向とばかりでなく、色彩にかけても、日が西に廻ると素晴らしい魔術のような不思議を現わした。

まるでターナーの風景画、印象派の絵画そのものを思わせる風景描写ではないか。

このとき有島は自分のもてる表現能力の限りを尽くして岩内の自然を描いている。「君」には負けまいと全力投球しているのだ。しかも有島が岩内にこの作品を書くために滞在した記録は残っていない。有島はおそらく密かに一度、二度、冬の岩内を訪ねたことだろう。それにしても北辺の大自然と海に生きる人々の精巧な暮らしの描写には有島こその芸術的才能が看て取れる。これこそ近代文学の真髄ではないか。

このとき、揺れていた有島は最終的に自らのambitionを自覚したのだ。有島のambitionとは「個」であり、作家であり、芸術家になること、つまり'art'であった。自分の胸中の心情、人生の思いを文章や言葉で人々に伝えることだった。

試行錯誤、迷いの多い、長い道程だった。しかし、このとき、有島はしっかと自らのambitionを確信したのであった。

そして最後に「君」への讃美を綴っている。

——ほんとうに地球は生きている。生きて呼吸している。この地球の生まんとする悩み、この地球の胸の中に隠れて生れ出ようとするものの悩み——それを僕はしみじみと君によって感ずる事が出来る。それは湧《わ》き出で跳《おど》り上る強い力の感じを以て僕を涙ぐませる。

それは有島武郎が自らに語った言葉でもあった。

第十一章　惜みなく愛は奪う

軽井沢、浄月庵での出来事

大正十二（一九二三）年六月九日、有島武郎は軽井沢の別荘「浄月庵」で情死した。相手の女性は雑誌『婦人公論』の編集者・波多野秋子。発見されたのは約一か月後の七月六日、東京日日新聞は翌々日、七月八日付で死亡記事を発表した。

「文士有島武郎氏／軽井沢で情死す／義兄山本郵船重役の別荘内にて／一ケ月も経て死体は腐爛」

という大見出しで、

「日本郵船会社監査役山本直良氏の軽井沢の別荘の隣家なる空別荘を六日手入れせんとしたる際、山本氏別荘内に年齢四十二、三歳の男が縊死を遂げるを発見したるが既に一ケ月ぐらいを経過したもので顔面等腐爛し何人なるや判明せず所持品として現金二百圓の外外套などがあったが変死人は山本氏の知人らしいとその筋にも身元を調査した結果文士有島武郎氏と判明し東京の家元へ急報した」（七日、岩村）

新聞記事には誤報もある。軽井沢の別荘は武郎の父・武が大正四、五年ごろ購入したもので、武の死後、武郎に譲渡されていたものである。日本郵船会社監査役とある山本直良は三笠ホテルのオーナーでもあり、武郎の妹・愛を妻としており、武郎とは義兄弟だった。

有島武郎の個人誌『泉』の最終号で親友だった足助素一（札幌農学校の三年後輩。のちに有島の著作の権利を得て出版社・叢文閣を立ち上げる）が事件の前日の模様を詳細に書いている。

それによれば、有島は当日病床にあった足助を入院先に訪ね、波多野秋子との不倫関係を一部始終打ち明けた。そのとき、足助は武郎の自死の意志を知って驚き、秋子の夫とは先方が望むように金で解決するよう説得した。

足助と別れた有島は麹町の屋敷に戻り、母と妹の愛を交えて雑談をしている。普段と変わらぬ様子であったが、夕方近くなると、和服姿に小さな風呂敷包みをもって家を出た。

そのあたりの状況を末弟行郎夫人の有島章が詳細に残している。

――大正十二年六月八日は梅雨うちでしたがよく晴れていました。山本の姉上［注＝愛］が、ご自分の家庭になったびわを持って母上を訪ねていらっしゃいました。私も呼ばれてお居間で話がはずんでいた時、兄上が急ぎ足でお出でになりましたが、私達をごらんになると、そこへ坐って暫くの部屋話の仲間におはいりになりました。そのうち「僕、ちょっと出かけて来ますから」と奥の間にいらっしゃる様子に姉上がお召し替えのお手傳いに立たれました。やがて、母上や私達に、いつもと變らない優しい笑顔であいさつをなさって外へお出になると、砂利を敷きつめた廣い車寄せで友だちとキャッチボールをしていた行三君［注＝武郎三男十歳］のそばに歩みよられ何か話しかけていらっしゃいましたが、後向きのまゝ子供達を見ながら五、六歩も行かれたでしょうか、今度は玄関でお見送りしている私達ににこやかにあいさつをなさって門を出られました。が、もう一度振返って笑顔をお見せになった兄上は、ついと曲って四谷の方に行ってしまわれました。それがあとから考えれば最後のお姿だったのです。

（『有島武郎全集』第四巻月報　筑摩書房）

いつもと変わらぬ風情で家を出た有島だったが、心中ではもはや死を決意していたことだろう。もう一度振返って笑顔を見せた、という仕草が永遠の別れとなるとは誰ひとり気づかなかった。

秋子とは新橋駅で落ち合った。軽井沢は信越線で始発駅は上野である。なぜ新橋なのか、疑問に思うが有島はここで母あての葉書を投函した。内容は「しばらく旅に出る」という簡単なものだったが、新橋の消印を残すことにより、軽井沢行きを家族に悟られたくなかったのだろう。実際その後行方不明となったとき、足助とその友人は沼津方面を捜索した。

秋子は縮緬《ちりめん》の和服を装い、藤色の羽織をかけ、腕にオペラバッグをもって武郎を待っていた。二人は東洋軒で夕食を取り、新橋駅から山手線に乗り上野駅へ向かい、上野駅から信越線の列車に乗った。軽井沢の山荘での情死の決行はすでに二人の間では決まっていた。

大正十二（一九二三）年発行の『公認旅行案内・時刻表』を見ると、軽井沢への午後の列車は長野行き一一九列車（上野発十六時、軽井沢着二十一時四十三分）か金沢行き急行七七三列車（上野発十九時、軽井沢着二十三時四十五分）の二本しかない。おそらく二人は十九時発の急行に乗ったと推測される。

列車は横川を過ぎて軽井沢の手前、熊ノ平あたりを走っている。

当時の列車は蒸気機関車が牽引している。息せき切るようなドラフト音が響き、闇のなかにむせび泣くような汽笛が流れた。それは二人の現世との決別の激しい心情を映すかのようであり、死出の山越えの序奏でもあった。

有島は車中で遺書を書いている。

——母上、行光、敏行、行三宛

今日母上と行三とにはお会ひしましたが他の二人には会ひかねました。私には却って夫れがよかったかも知れません。三児よ、父は出来る丈の力で闘って来たよ。

かうした行為が異常な行為であるのは心得てゐます。皆さんの怒りと悲しみを感じないではありません。けれども仕方がありません。

どう闘っても私はこの運命に向って行くのですから。すべてを許して下さい。

皆さんの悲しみが皆さんを傷つけないやうに。皆さんが弟妹たちの親切な手によって早くその傷から断ち切るやうただそればかりを祈ります。かかる決心がくる前まで私は皆さんをどれ程愛したか。

秋子は武郎の前に座り、遺書を書く武郎の顔を窓辺に見ながら、自らも過去を追想していた。秋子は十九歳で当時英語塾を経営していた波多野春房と結婚した。母は花柳界、新橋の美妓で父親は京浜銀行取締役で実業家の林謙吉郎だった。当時は庶子といえども実子と変わらずに育てられ、月の一週間と夏冬休みは父親と暮らし、社交界にもしばしば同行したという。

そんな秋子に春房は一目惚れし、秋子の希望する学業を援助し、前妻と離婚までして再婚した。

波多野秋子は美貌に加え、知的好奇心の光るインテリ女性でもあった。実践女学校（現・実践女子学園）を卒業し、春房と結婚したが、その後も向学心に燃え、ミッション系の女子学院、さらに青山女学院（現・青山学院）の英文科に進んだ。在学中の大正六年、徳富蘇峰が主宰する「国民新聞」の懸賞論文に「戦後の教育」と題する論文を応募し二等に当選している。大正七年、青山女学院を卒業すると、中央公論社に入社。新刊された『婦人公論』の編集記者として水を得た魚のように活躍した。『婦人公論』は女性の解放と自我の確立を求めるインテリ女性の救世主的雑誌であった。

日露戦争の後、それまでの圧倒的な男性優位の社会に対して女性解放運動が起こった。明治四十四年、平塚らいてうの主宰した女性雑誌『青鞜』がその中心であった。与謝野晶子も賛同し、青鞜社からは田村俊子、野上弥生子、伊藤野枝、神近市子など続々と作家や活動家が誕生した。彼女らは男女平等、女性の社会的地位の確立、旧態然とした家庭制度からの女性の解放を主張した。

明治時代にLoveが翻訳され「恋愛」という言葉が生まれた。それまでの男女の縁は「情」とか「色」でしかなかったが、大正時代になってはじめてその言葉が肉体化した。女性はそれまでの〝家社会〟〝伝統的な一夫一婦制度〟からの解放を訴え、恋愛至上主義を唱えはじめた。

――やは肌のあつき血汐にふれも見でさびしからずや道を説く君

（『みだれ髪』歌集）

与謝野晶子の歌は女性の官能を堂々と謳いあげ、青春の湧き出る情感を表現した。

波多野秋子はそうした自由、自立をめざす〝新時代の女性〟の一人だった。輝く大きな瞳と知的な風貌、しとやかな後姿は作家の間でも評判となり、気難しい芥川龍之介や我儘な永井荷風も担当編集者に秋子を指名したといわれる。室生犀星によれば秋子は「眼のひかりが虹のやうに走る感じの人」であったという。

『青鞜』は白樺派の影響を強く受けており、そういう点で波多野秋子と〝女性讃美者〟たる有島武郎が結ばれる精神的な土壌は自然だった。

秋子の夫・波多野春房は神職の子として生まれ、中学校卒業後渡米、帰国して英語塾を経営していた。二人の出会いは秋子が卒業論文で「ルターの宗教改革」を研究中、友人の紹介で波多野の塾を訪ねたのがきっかけだった。

長身で恰幅がよく、背広姿がよく似合い、英語を得意とした波多野に秋子も好感をもった。ただし年齢は波多野が当時四十二歳で、秋子は十九歳、二人は親子ほどの年齢差があり、初心《うぶ》な秋子は恋愛など知らぬ間に波多野に手をつけられた、と言っても過言ではないだろう。

波多野は不思議な男である。新聞報道には「波多野烏峰」という名で出ているが、波多野烏峰は春房のペンネームで著作、翻訳書も幾多あるジャーナリストでもあった。事件のころは大手火災保険協会の書記長を務めるという地位にあった。波多野の前妻の安子は岡山藩の家老の家柄で、父親の日置健太郎は明治三十九年に男爵の位を受けている。秋子を知ると、春房はその男爵令嬢と平然と離別してしまう。

波多野は女性をひとりの人格者として尊敬する感性をもたない男だったような気がする。

秋子を愛したのもその知的な人間性ではなく、英語を話す〝人形〟として愛玩物のように可愛がったのかも知れない。秋子が亡くなって四十九日を迎えると、春房のゴシップ非難に同情した芸者上がりの女性とすぐさま再婚している。有島の亡き妻の名と春房の前妻の名が同じ「安子」であるのは偶然としては出来すぎである。

永畑道子の小説『夢のかけ橋』は有島と与謝野晶子の恋愛劇で、『華の乱』として映画化された。与謝野晶子を吉永小百合、有島武郎を松田優作、秋子を池上季実子、春房を成田三樹夫が演じたが、映画では春房は冷徹な悪漢、秋子は魔女的な女性に描かれている。有島ファンからすれば二人とも悪役となるのだろうが、果たして実像はどうだったか、は知る由もない。ただこの大正という時代は、繰り返すようだが明治の時代の重苦しさが雪解けし、自由を求める大正デモクラシーの風が流れた時代であった。男女関係も伝統的な一夫一婦の結婚制度がひび割れを起こし、恋愛至上主義の風潮が生まれていた。

安子を失い独身生活を続けていた有島にも神近市子、与謝野晶子との噂は残っている。とりわけ晶子とは有島の妹・愛の息子（武郎の甥）の山本直正が晶子の次女・七瀬と結婚しており、遠縁となることもあり、両者の交際は長らく続いた。

晶子は武郎の死を悼み、追悼歌をいくつか残している。

なつかしき書斎の戸口閉ざされし前にはかなき人の身を泣く

信濃路の明星の湯［注＝星野温泉］に君待てば山風荒れて日の暮れし秋

ゆくりなく君と下《くだ》りし碓氷路をいつしか越えて帰りこぬかな

生死《いきしに》のことなる道をえらべどもなつかしさのみ離れざるかな

君亡くて悲しと云ふをすこし超え苦しといはば人怪しまん

おそらく軽井沢の夏、二人は武郎の別荘と晶子がよく滞在していた星野温泉の間を行き来していたことだろう。秋の碓氷峠も二人で越えている。

武郎は晶子に尊敬と憧れをもって接していたに違いない。晶子には武郎にはない勇気と決断、実行力があったからだ。

愛を金に換算する屈辱は忍びがたい

武郎と秋子が肉体関係で結ばれたのは、定説では情死決行の五日前の六月四日、船橋の旅館でのこととなっている。その情事が春房の知れるところとなり、怒った春房が武郎に金を要求した。有島は

「愛は金で買えない」と断った。これは前述した足助素一が有島から聞いたという話が基になっている。

『晩年の有島武郎』の著者、渡邊凱一は、これは有島の潤色であり、実際にはもっと以前、大正十一（一九二二）年（前年）の晩春ごろではないか、と推測している。有島と秋子の男女関係は少なくとも一年ほどは続いていた。

事件前の三月、有島はこの恋を断念すべく秋子に手紙を書いている。

――愛人としてあなたとおつき合ひする事を私は断念する決心をしたからです。あなたにお会ひするとその決心がぐらつくのを恐れますから、今日は行かなかつたのです。私は手紙でなりお目にかゝつてなり、波多野さんに今までの事をお話してお詫びがしたいのです。（中略）純な心であなたを愛し、十一年の長きに亘つて少しも渝らないばかりでなく、益々その人をいとしく思はせる程の愛情をそゝいで居られる波多野さんをあざむいて、愛人としてあなたを取りあつかふことは如何に無恥に近い私にでも迚も出来る事ではありません。

このとき、武郎は春房とは面識がないが、世に知られた一角の人物であることは認識していた。武郎は秋子との関係を断ち切ろうと思った。自分の生き方に〝不倫〟は相応しくないからである。それまでの武郎は悩み続けながらも正しく、真っ直ぐ、世の優等生として生きてきた。大正天皇のご学友でもあったのだ。有島の愛読者はその清らかな生き方に好意を抱いていたのである。男盛りの四十五歳にして、このはずれた道（当時、姦通罪があり、不倫は男女とも懲役二年以下の犯罪であった）に踏み入ることは武郎にはどうしてもできなかった。

しかし、秋子の方は武郎の申し入れを拒んだ。秋子の親友だった石本静枝（のちの加藤シヅエ。女性解放家、国会議員）は遺書を受け取り、記者会見を開いてこれを公開、十二日の読売新聞に秋子の遺書が掲載された。

――私の波多野に対する心持、武郎に対する心持はあなたははつきり解つて下さることと存じます。（中略）私にはどうしても波多野を忘れられません。それでゐて私は武郎を捨てることは決して出来ないので御座います。（中略）私といふ赤ん坊は年頃になつて恋を知りました。真剣な恋を致しました其の相手が武郎だつたのです。お互は結婚生活はあまり考へませんで愛すれば愛するほど死の誘惑が強くなつて行きました。

秋子との関係を一度は断ち切ろうとした武郎だったが、秋子を振りきれなく関係を続けた。武郎と秋子はこの時期、情死の道を選んだのではなかったか。

秋子は『婦人公論』の女性編集者であり、女性の自立という新思潮の先導者であり、世の先端を走っていた。武郎はもともと高潔なピューリタンであり、大学教授であり、今や人気の流行作家だ。二人ともいわば世の王道を風を切って歩いてきた。良識派の作家と気鋭の女性編集者の二人は、道を外れた〝罪人〟として生きながらえることはできない。行き先は死しかなかった。

有島は事件の三年前、『惜みなく愛は奪う』を上梓しているが、そのなかに心情を浮かばせる文章を載せている。

――緩漫な、回顧的な生活にのみ囲繞されている地上の生活に於いて、私はその最も純粋に近い現れを、相愛の極、健全な愛人の間に結れる抱擁に於て見出すことが出来ると思う。彼等の床に近づく前に道徳智識の世界は影を隠してしまう。二人の男女は全く愛の本能の化身となる。その時彼等は彼等の隣人を顧みない。彼等の生死を慮らない。二人は単に愛のしるしを与えることと受取ることとにのみ燃える。而して忘我的な、苦痛にまでの有頂天、それは極度に緊張された愛の遊戯である。その外に何者でもない。而かもその間に神秘な人間のなし得る創造としては絶大な創造が成就されているのだ。

武郎が春房とはじめて顔を合わせたのは事件直前の五月のようだ。

春房が大阪に出張中、二人は鎌倉に泊まり、帰京後それを知った春房が秋子を責めると、「離婚して下さい」と涙を流したので、春房は武郎を訪ね、「離婚するから秋子を妻にしてくれ」と言ったことになっている（「東京朝日新聞」七月九日の記事）。

本当はここがチャンスだったのではなかったか。秋子と正式に再婚すれば有島ファンとても納得したのではなかったか。このとき、武郎が春房にいかなる返答をしたのかは記録には残っていない。これは私の推測でしかないが、武郎はおそらく春房の社会的な立場と身の辛さに同情してしまい、男として自分が身を引く、と言ってしまったのではないか。

その後、ふたたび六月四日、船橋での情事を春房が知るところとなり、六日夜、春房が勤務先へ有島を呼びつけて罵倒した。最初は紳士的だったが二度目は詫びだけでは済まされない。いわば自然のなりゆきで、この場面はよく知られるところだ。

武郎が（船橋の旅館の）事実を認めると、賠償金を要求された。武郎が「自分の生命がけで愛している女を、僕は金に換算する屈辱を忍び得ない」と拒絶すると、波多野は「それでは警視庁へ同行しろ」と迫ったが、即座に応諾すると、却って困っていろいろ言を弄し、最後は、一万円（今の価格で一～二千万円か）要求してきた。武郎は「僕は甘んじて監獄へ行くよ」と答えた。結局、最終的な答えは八日の午後三時までにすることにして別れた。

その答えが軽井沢の情死だった。

有島は遺書を五通残している。母と三児、兄弟、森本厚吉、足助素一、そして波多野春房へも紳士的な謝りの言葉を残した。

親友だった足助素一への遺書を紹介しておこう。

――山荘の夜は一時を過ぎた。雨がひどく降ってゐる。私達ハ長い路を歩いたので濡れそぼちながら最後のいとなみをしてゐる。森厳だとか悲壮だとかいへばいへる光景だが、実際私達は戯れつゝある二人の小児に等しい。愛の前に死がかくまで無力なものだとは此瞬間まで思ハなかった。

恐らく私達の死骸ハ腐爛して発見されるだらう。

遺書通り、二人の死体は腐爛状態で発見された。腕はもがれたように垂れ下がり、体中にはウジが湧いていた。

眼鏡が割れたのは偶然だったのか

武郎が死を決意して家出したのは六月八日午後だった。札幌農学校時代からの友人で、生涯にわたり親交の続いた森本厚吉は六月七日、北海道から東京に出てくる夜行列車のなかにいた。上野には八日朝七時に着き、朝食をとり、散髪したあと、講演会場の東京女子高等師範学校（現・お茶の水女子大学）へ向かう途中、有島に電話をしようとした。ところがそのとき、眼鏡が割れてしまった。強度の近眼だった森本は突然目の前がぼんやりしてしまう。読書用の眼鏡を上野駅の一時預かりへ取りに戻った時には講演時刻が迫っていた。

――もし、その時、電話をかけて有島君が私の上京を知ったのであったら、彼は必ず、その心中を漏らしてくれたに相違なかった。しかして私は必ず彼を殺しはしなかったのにと、いたずらに愚痴をこぼすのである。が、これもくしき運命なのであろう。

（藤井茂『森本厚吉　新渡戸稲造の愛弟子』盛岡タイムス社）

と、森本は述懐している。

もしその時森本の声を聞けば、有島はさぞや心中を打ち明けたことだろう。学生時代、二人で冬の定山渓に行き自殺を試みたこともあった。アメリカ留学も森本と一緒であった。農学校に講師として迎えられたとき、森本はすでに教官となって有島を待っていた。森本が家庭をもち子どもらを育てているときも有島は彼らをわが子のように愛おしんだ。厚吉は武郎の生涯の友だったのだ。森本の眼鏡が割れた、というハプニングは有島の無言の〝おしるし〟だったかもしれない。

森本への遺書を紹介しておこう。

——森本厚吉兄

永い厚誼を謝す。私達は愛の絶頂に於ける死を迎へる。他の強迫によるのではない。（中略）

静子さんにも、小さい人達にもどうか呉々もよろしく。兄等の御健康を祈る。

のちに森本は、冷静を取り戻し、

——有島武郎は弱点の多い人であった。だから弱点の多い人々をいたわり、彼らを愛した。しかして彼自身も人々から愛慕されたのである。彼は神々しい聖者になろうとはしなかった。ありのままの人の子として一人で自由に生きることに努めた。（中略）。彼は表裏のない人で、いわゆる政略を用いない人であった。一言にして言えば、何ら偽りのない人であったから、今度の死の問題も私にはそれほど不可解なものではない。彼の人格、彼の最近の哲学、彼の世俗的な環境などを考えるときに、かかる最期をあえてするにいたった彼の心的行路は明白なものである。（『同』）

と述べている。

内村鑑三の「背教者としての有島武郎氏」

有島武郎情死というセンセーショナルな出来事は新聞各紙に報道され、日を追って全貌が明らかになった。

情死をめぐり賛否両論が巻き起こったが概して同情の声が多かった。有島側に立った人々は秋子が誘惑して無理強いさせた悪女、金で解決しようとした春房を冷酷な打算家と見なし、有島をその犠牲者として弁護した。一方、社会的良心の欠如、道徳観の放棄を非難する論文も多く出された。人妻と情死事件を起こした有島の作品は国語教科書から削除すべき、という教科書問題に飛び火するなど、社会問題へと拡大されていった。

有島の札幌農学校の先輩であり、生涯の師であり、有島の人生に多大な影響を与えた内村鑑三は、「背教者としての有島武郎氏」という論評を萬朝報に書いた。

――私は有島君に基督教を伝へた者の一人である。彼は一時は誠実熱心なる基督信者であった。私は彼の顔に天国の希望が輝いて居た時を知つて居る（中略）人も私も彼が私の後を嗣《つ》いで、日本に於ける独立の基督教を伝ふる者と成るのではないかと思ふ程であつた。（中略）私は今日に至るまで多数の背教の実例に接したが、有島君のそれは最も悲しき者であつた。（中略）私は何時か再び信仰上の兄弟として彼を私の心に迎ふる事が出来るであらうと思うた。

と、有島の死を愛を込めて悼み、この死は単に一婦人の愛を欲する苦悶ではなかったと説く。すなわち有島の死はキリストを捨てたための苦悶で、哲学者の間ではコスミックソロー（宇宙の苦悶）と呼ばれるもので、彼は自らの心の空虚をうずめるために神に戦いを挑んだ。死をもって彼の絶対的独立を維持するための行為であったと説いた。

内村は個人的心情としては有島を哀惜したが、しかし教徒としては決して背教者・有島を許さなかった。

——私は有島君の旧い友人の一人として、彼の最後の行為を怒らざるを得ない。

と、内村は周囲の古くからの共通の友人らの同情に対して自らの反論を宣言した。

内村と並び人生の師であった新渡戸稲造は、このとき遠きジュネーブの地にあった。真相は伝わっていただろうが有島の死に関しての記述は見当たらない。おそらく彼は日本の幾多のメディアにコメントを求められただろうがあえて避けたのではなかったか。世を騒がせる「賛否」の声と同じ土俵で語りたくはなかったのだろう。新渡戸の「沈黙」は逆に有島への深い師弟愛を感じさせてやまない。

有島の死の数年ののち、昭和四（一九二九）年となり、新渡戸は「有島君を憶ふ」と題してその思いをまとめた。短文ながら有島への変わらぬ愛が伝わる文章である。

——僕は少からぬ若い友達を失つた。して彼等を思う事が甚だ切なるものがある。

或いは一人静かに舊時を偲ぶ時或は忙しく仕事をしてゐる時或は物を思わずに歩む間圖らずも亡き友がらの面影がありくと心に浮ぶ事がある。して其中に就ても有島君の如きは屢々僕の記憶に浮ぶ人である。時々僕は同君を思ひ出すまいと迄努める。歸朝して以来僕は同君の家族を訪ねる事をおそれている。

同君は數年間僕の家に居つた。しかもそれは同君の精神的開發の最も大事な時であつたから屢々煩悶等に就て話をした事もある、故に同君は最後迄僕を記憶してくれる記念迄残してゐて呉れた。今些細なる話しを述ぶる事を避けたいが同君の面影が尚僕の眼には明かに存在してゐる。故に僕は同君の最後の事は忘れて同君の若かりし札幌の時と其後米國に在學せる時と、歸朝後文筆に餘念なき時を思ひ出すのは友情を温め才人と交るの楽しみを覺ゆるが故に右に述べたる如く屢々同君の記憶を偲び又同君の墓に詣でる。

同君の最後の決心は僕には理解は出来ぬが筆に残した同君の心は誠に尊ぶべく愛すべきものである。僕は常に同君の思想の高潮に達した時代を顧みて知らずく〵に人情の温か味と深味《ふかみ》を知る。

（『有島武郎全集』第一巻月報　新潮社）

この時代、「生」と「死」は今のように隔絶したものではなく、もっと寄り添っていたのではなかったか。二つの大きな戦争があり、災害、疫病が蔓延したこの時代、生と死は隣り合わせて緩やかに共存していた。

時代の先端を走る文学者は生き急ぎ、死に急いでいた。ちなみに死亡年齢は（自死を含めて）、尾崎紅葉三十五歳、樋口一葉二十四歳、石川啄木二十六歳、北村透谷二十六歳、正岡子規三十五歳、芥川龍之介三十五歳、あの夏目漱石でさえ四十九歳であった。死に急いだ、と言われる有島だが四十五歳という年齢は、死の形は別としてこの時代においては十分に人生を全うした年齢に達していた。

情死は自己解放の方法だったか

有島の情事事件は海外でも報道された。

「多文化公共圏センター年報（八号）」の丁貴連氏の調査によれば、その第一報を伝えたのはアメリカである。

遺体発見の三日後、七月九日にシカゴ・デイリー・トリビューン、翌十日にはザ・ニューヨーク・タイムズ、フィラデルフィア・イブニング・ブレティンが、それぞれ「三角関係が原因で東京の小説家と人妻が自殺」、「心中で恋人同士が死ぬ／ハヴァフォードの卒業生と女性が日本で生命を絶つ」という見出しで報道した。いずれも二十行前後という短い記事ではあるが、日本の一小説家の自殺事件を、アメリカを代表する新聞各社がリアルタイムで取り上げたのは例外である。〝心中〟という自決の形がキリスト教国のアメリカでは奇異に感じられたせいかもしれないが、おおむね非難はなく作家の死を悼む記事だった。

一方中国では魯迅が紹介し、有島作品が教科書に掲載されていたこともあり、有島の愛読者は多かった。中国メディアはその死を「侮蔑」してはならないと有島の死を尊重した。朝鮮でも有島の死を単なる情死ではないと指摘するなど、有島に対する深い理解と同情を示した。この当時、日本は軍事大国となり、近隣諸国を侵略せんと圧力をかけていた。中国、朝鮮では日本政府の強引なやり方に多くの人々が不満を抱いていた。そういう時代のなかで有島の作品は弱者に寄ったヒューマニズムが貫かれ、彼自身が人道主義を謳った白樺派の中心人物であったこと、自らの土地を「農場解放」したことで評価され、私小説の多い日本の作家群のなかでは一線を画した存在だった。

キリスト教では姦淫、自殺は許されない。儒教の伝統の強い朝鮮や中国でも自殺は忌み嫌われていた。ましてや「心中」となると、その傾向はより強かったと思われる。

しかしアメリカや朝鮮、そして中国のメディアは非難せず、有島の人格を認めその死を悼んだ。むろん情死を讃美することはないが、有島の個としての生き方、死との向き合い方に人間としての真摯さを認めていたのである。

英文学者の亀井俊介は、有島が生涯にわたり愛読したホイットマンの影響に注目している。有島はアメリカ留学時代にホイットマンに陶酔し、その後翻訳も出し、生涯にかけてホイットマンを愛し、ホイットマンの講義は永らく自分の持ち駒だった。

ホイットマンはアメリカ東部の大工の家に生まれ、植字工などを経て新聞記者となる。

万延年間、日米修好通商条約の批准のためにアメリカを訪れた小栗忠順の使節団一行が、脇差を腰にして裃《かみしも》袴《はかま》姿でニューヨーク五番街を歩く姿を見て、荘厳な美しさを最初に謳ったアメリカ詩人だ。『草の葉』は彼の代表作で、それまでの伝統的な詩法を退け、大胆な自由詩形を取り入れ、人間愛、自我精神、民主主義的平等を謳った。

——この先おれは幸運を求めない。おれ自身が幸福だから、
この先おれはもう泣きごとを言わない、もう先延ばししない、何も求めない、
家でうじうじしたり、図書館にこもったり、ねちこく批判したりもしない、
たくましく、足るを知り、おれはオープンロードを旅する。

（ホイットマン「おれにはアメリカの歌声が聴こえる」——『草の葉抄』飯野友幸訳）


ホイットマンは究極の死をも含めて、大いなる生を大胆に謳った詩人であった。

有島はホイットマンをローファー（自由人）と規定し、「自然な、大きな、こだわりのない」心でもって、のびのびとした独立した人格をつらぬいた男だと評した。有島にとってはキリストもローファーだった。彼（イエス）は自らの信念に基づいて行動したが、それを伝える福音書を書いたわけではなく、その後の教会活動とは無縁である。彼は自分の意志で正しいと思ったことを行い、孤独のうち

に生をまっとうした。亀井は、

――有島武郎はホイットマン流のローファー主義を日本で生かそうとしながら、妥協を強いられ続けた。そのため自分の「臆病者」「弱者」意識を、いっそう強めざるをえなかったほどだ。そして生活のあらゆる面で追いつめられてきていた。だがこんどこそ、彼はいっさいの妥協を排して、堂々と、ローファー的に自由に生きようとしたのではないか。足助やその他の近しい人たちの懸命の説得をも拒否したのは、その最後のあらわれであろう。その結果、「死への逸脱」をしていった。その「死」を、彼は自分の意志の力で「解放」と受け止めることができた。そしてみずからそれをホイットマン流に讃美しながら、突き進んで行ったのである。その「死」は極めて「文学」的な「生」の完成であった。

（亀井俊介『有島武郎』ミネルヴァ書房）

有島は自身の日記『観想録』のなかで、いつも自分の弱さ、臆病さ、涙もろさを告白している。それは富裕階級・有島家の長男として生まれ、家督を継ぐ者の重圧を背に負いながら育てられ、強靭な父親の意志のもとに絶対服従という宿命を抱いてきたからだろう。自らの結婚すら自分が恋した女性を断念して父親の推す女性と結ばれているのだ。勘当されて家を出る可能性もなかったわけではない。しかし、武郎の選んだ道は世の優等生として禁欲、自制、勉学に励み、世を真っ直ぐに生きることだった。結婚する三十一歳まで童貞だった、と自らの手記に隠さず披露している。有島は生涯のモラトリアムだったのでなかろうか。逝去する一年前に行った農場解放は父親亡き後、自らの意思で行った最初の出来事だった。有産階級の自分が小作人らの無産階級を虐げているという精神的な束縛から彼は資産を放棄して自らの魂を解放した。

幼少期から父親に従って成長し、農学校に入学してからは森本厚吉に感化されてキリスト教に入信した。さらに新渡戸稲造、内村鑑三に弟のように見守られ、先輩に倣いアメリカに留学した。アメリカでは金子喜一に影響されてキリスト教に不信感を抱き、社会主義に惹かれた。もともと良家の子息だ。一人での決断は憚られた。そこには必ず水先案内人たる保護者がいたのである。しかし、培った知識と思想は彼ひとりをさらに自由に羽ばたくよう先導する。

道徳と非道徳、勇気と卑屈、名誉と空虚、矜持と軽蔑……そのどちらもが有島であり、二つの極の間に心は揺れる。ただし世間体にはいつも世にいう優等生を装っていた。

体と魂は相反しながら、心は悩み続ける。知識と思想は社会主義を理想としながらも、体はブルーカラーとしては生きてゆけない。そうした魂と肉体の乖離《かいり》が有島の苦悩の元凶だった。その苦悩からの解放が〝積極的な死〟の選択となったのだ。

生物としての人間の死は自然なものであるが、病気や思わぬ事故、災害によって死にゆく人は、果たして自らの死を納得しているだろうか。たとえ長寿と思われる人であっても、生への欲望は尽きせぬものがあるだろう。自死ならば自らの意志の選択であり、人間の尊厳と究極の自由の選択とは言えないだろうか。

ホイットマンは死の先にも生はあり、生は死を丸のみすると詠《うた》った。

自死は若さの特権でもある。若いから生命を止められるのである。長寿の老人の自死は自然死である。

終着点の死は彼が選んだ「尊厳死」だった。そこで偶然、「ともに死にたい」という女性が現れ、その人が波多野秋子で、秋子は自己解放への水先案内人だったのである。

有島は自らの尊厳と自由の表現を愛の情死という形で実現させた。自ら選んだ死を死んでみせたのである。亀井俊介の言う「理想のローファー」となり、死という行為で自らを解放したのだ。

有島の ambition はここであえなくついえた。

有島武郎の生涯はこのとき終わったが、有島の ambition は数多くの芸術作品を生み、今も多くの読者に支持されている。

第十二章　カナダ、オークベイの朝

カナダ、ヴァンクーヴァー島でのこと

昭和五十八（一九八三）年、七月のことであった。

私はカナダ、ヴァンクーヴァー島にいた。ある雑誌のカナダ特集の取材でこの島に来ており、二日間を離島で過ごしていた。

ヴァンクーヴァー島はヴァンクーヴァーの街の沖合約六十キロ、北太平洋に浮かぶ九州ほどの大きさの島でヴァンクーヴァーの港から水上飛行機で三十分ほどの距離にある。

島の中心はヴィクトリア市で、かつて植民地時代の首都、今もブリティッシュ・コロンビア州の州都でもある。長らく英国植民地だったため栄華を極めたヴィクトリア朝の特徴あるコロニアル風の建物が残り、イギリス本国よりもイギリスっぽいといわれている。また〝ガーデンシティ〟なる別名があり、街の通りや民家の窓など至る所にハンギングバスケットが飾られ、季節の花々で彩られている。爽やかさのなかに歴史を感じさせる魅力的な街だ。

西海岸に面した静かなオークベイのホテルに滞在していた。中心街からは少し離れるが、海岸に面して風光がよく静かなリゾート地である。

ホテルは小体ながらも趣があり、朝食後のこと、薔薇の咲く庭園を散歩した。その一角に小さな石碑が建っており、見ると"NITOBE MEMORIAL"と彫られてあった。NITOBEといえばあの新渡戸稲造だろうか、そのとき私は新渡戸稲造の名は『武士道』の著者、国際連盟事務局の偉い人くらいの認識でしかなかった。記念碑がなぜホテルの庭園の片隅に建てられているのか不思議に思い、支配人に尋ねてみると、新渡戸はバンフでの会議の後、体調を崩し、このホテルで夫人と療養していたが、容態が悪化し、市中のジュビリー病院へ運ばれ急死したという。

ホテルは新渡戸夫妻、最後の滞在地であったことを記念して石碑を建てたようだ。滞在していた夫婦の部屋は"NITOBE SUIT"と銘打って今もそのまま残してあるという。部屋を見せてもらったが寝室と居間の分かれた格調あるスイートルームで、窓からは穏やかな北太平洋の光が差し込んでいた。支配人は新渡戸は病院に運び込まれるまで、この部屋で執筆作業をしていたと聞いている、と語った。

この偶然の出来事があり、このとき私の脳裏に新渡戸稲造の名は刻み込まれた。その翌年、新渡戸が五千円札となって登場したときは、不思議な縁を感じたものだ。

昭和八年八月、新渡戸はカナダ、バンフに向かった。第五回太平洋会議に出席するためであった。満洲事変が起こった二年後のことで、そのとき大日本帝国はいよいよその大国主義の実体を露わにし「大東亜共栄圏」という名のもとに満州国建国を宣言していた。西欧勢力を排除してアジアを共栄圏下におくための大陸侵略の第一歩である。

太平洋会議は大正十四(一九二五)年、ホノルルで結成されたアジア・太平洋地域の平和交流のために作られた国際的な会議で政府は関与していない。新渡戸はこの組織の理事長を務め日本の代表者であった。

このとき中国は無政府状態に陥っており、軍閥の暴力的な支配により満州は政情が不安定だった。新渡戸はその混乱に乗じたロシア南下の脅威を語り、また世界恐慌に応じて列強が貿易をブロックしたことへの危険性を説いた。しかし、会議での演説はかつてのように多くの賛同は得られなかった。日本はもはや国際的に孤立しており、新渡戸が発言する「平和」「協調」の言葉には実体が乏しく、新渡戸の声は空しく響くばかりになっていた。

日本軍の大陸侵攻という勢いはもはや誰にも止められない。どんなに日本の立場を正当化しようと弁解となるばかりだ。会議のあと新渡戸夫妻はヴィクトリアで休養した。新渡戸はこの時精神的、体力的にもはや限界だった。ホテルで滞在中急に体調に異変を起こし、入院後ほぼ一か月後に亡くなった。死因は出血性膵臓炎で七十一歳だった。

台湾総督府から京大、第一高等学校へ

話は戻るが、『武士道』発表後の新渡戸の足跡を追ってみたい。

明治三十三（一九〇〇）年、『武士道』が刊行された直後、アメリカ療養中に後藤新平から台湾総督府技師として要請があった。母校の教授に戻ろうと思っていた矢先のことで断ったが、再三の熱のこもった呼びかけについに応じることになった。母校よりもお国のために働こう、というところだ。

日清戦争以後、台湾は日本の植民地となっていたが、近代化は未発達でその経営は難しく、政府としては手を焼いていた。そこで総督の児玉源太郎と民政長官の後藤新平が思案の末、農政学に精通している新渡戸に白羽の矢が立ったのである。

台湾に産業を興し自立させることが急務だった。それには台湾の主産業である精糖業を近代化させ増産を図ることが必要だった。呼ばれた新渡戸はそれまでの少人数のサトウキビ小屋を中心とした作業（破砕には水牛を使っていた）をやめさせ、新しい製糖工場の建設、製糖機械を導入し、在来種に加えてハワイからの改良品種を取り寄せるといった近代化政策案を提案した。甘菜に関しては札幌時代からその可能性を探っていたという経緯もあり、製糖分野に関しては無縁ではなかった。計画は後藤が後押しし、児玉が決断。新渡戸案が採択された。すぐさま実行に移され、結果的に台湾はサトウキビの世界五大生産地の一つとなり、日本国内の砂糖需要を潤した。成功させた新渡戸は「台湾砂糖の父」と崇められることとなる。

新渡戸の後半の人生と国情はほぼ重なっている。

激動の歴史と向き合いながら新渡戸は自らの ambition の実現に向かって猛進する。

明治三十五年、日英同盟が締結され、ロシアの脅威に対してイギリスと日本は手を結んだ。日本はいよいよロシア防衛の大義を得て、軍国主義、国家主義を正当化した。全国的に皇民化教育が施され、日本は皇国臣民で一つになった。「八甲田山、死の行軍」事件は折しもこの年のことである。

このころの日本の政治中枢は維新第二世代となっており、桂太郎、西園寺公望がかわるがわる政権を担当し、「桂園時代」と呼ばれる。強権を発するリーダーが不在で、いささか不安定な時期でもあった。

ついに日露戦争がはじまった。明治三十七年二月のことである。

日本はヨーロッパの大国・ロシアに辛勝し、アジアの雄となった。日本はもはや有色人種の二流国ではない。その結果韓国を保護国化して、伊藤博文が統監府統監となる。

一方ロシアでは「血の日曜日事件」が起こり、皇帝軍がデモの市民を虐殺し、のちのロシア革命への布石となった。時のロシア皇帝ニコライ二世はレーニン率いる革命勢力を抑えねばならず、極東まで十分手が回らなかった、というのが実情だろう（多くのロシア人はこの戦いで日本に敗けたとは今も思っていない）。日本国民の大方は戦争勝利に沸き、気分は高揚していたが、このとき内村鑑三は「非戦論」を唱えていた。日露戦争ばかりではなく、戦争そのものを罪として否定した。日本で初めての社会主義政党、日本社会党（堺利彦、片山潜、幸徳秋水ら）が結成され、社会運動も同時に起こっている。産業革命により農村が疲弊し、都市に流入した貧困労働者が増大していたからである。

新渡戸は台湾事業を終えてのち第一高等学校校長（東京帝国大学農科大学教授兼任）に就任した。明治三十九年のことである。

いよいよ新渡戸が教育界にモノ申す時がきた。

第一高等学校は全国トップクラスのエリート校で、ほとんどの生徒は東京大学予備軍、将来国の政治の中枢を担う若者たちであった。内村が「不敬事件」を起こした因縁の学校である。新渡戸は旧友との奇縁を感じたが、自らの母校でもあり、新渡戸は本来の教育者としての力量をここで発揮する。四十四歳〜五十一歳の働き盛りのころで、在学は六年七か月に及んだ。

新渡戸の教育方針は札幌農学校で培われたクラーク精神を基盤としており、自由、自立、博愛主義であった。国（政府）が政策をつくり、それを人民に押しつけるのではなく、自立した国民が望む政策を国が実行すべきである。そのために新渡戸は未来の国を背負う若者たちにリベラリズムの意味、デモクラシーのあり方を教え込んだ。民主主義を自覚し、それを実現する人材の育成、全体主義ではなく「個」の独立を自らのミッションとして課していたからだ。日露戦争直後であったため軍国主義化した国との軋轢、文部省の教育方針との対立に新渡戸は戸惑いながらも奮闘する。卑近な例だが、運動会で婦人席を設けただけで学校管理当局からの苦言が舞い込むという時代である。そこで新渡戸は身銭を切って学校近くに借家をし、生徒たちに課外授業を行い自立、独立精神を促した。

門下生であった矢内原忠雄は、次のように記している。

――教育家としての新渡戸先生は身を卑くして通俗の耳に入るやう、努めて平易に、日常卑近の生活の修養を説いたのです。（中略）「我輩は店員とか女中とか、さういふ階級の人を對象として話をしてゐる。かういふ人々に話をするには、自分が高いところに止つて居て、ここ迄上つて来い、ではいけない。自分の方から、彼らの水準まで下りて行つてやらねばいけない。」このやうな事を先生が述懐するのを、私はよく聞きました。（『余の尊敬する人物』岩波新書）

新渡戸の教育方針は徹底した平民主義だった。つまり社交性（社会的であること）、通俗感覚（市民意識）をもつことだ。専門分野に閉じこもる当時の学風（鎖国的籠城主義）を排し、学問の実用性を説いた。

「我輩は専門センス（専門的知識）は教へない。コモンセンス（常識）を教へる」と語り、そのため学校当局からの批判や「通俗的だ」「学者らしくない」との世間の非難を浴びたこともたびたびだった。

しかし、新渡戸校長は在学中、自らの信念を決して変えることはなかった。クラークの伝えた'Be Gentleman'の遺志を断固として貫いていたのである。

それらのことは新渡戸門下から輩出した青年たちが証明している。

南原繁（東大初代総長）、矢内原忠雄（東大総長）、森戸辰男（文部大臣、広島大学学長）、前田多門（文部大臣）、鶴見祐輔（厚生大臣）、安倍能成（学習院院長）、高木八尺《やさか》（東京大学法学博士、政治家）、田島道

治（宮内庁長官）、河井道（恵泉女学園創立者）、野村胡堂（作家）、田中耕太郎（最高裁判所長官）、天野貞祐（獨協大初代学長）など新渡戸の感化を受けた門下生は枚挙に暇がない。彼らは師の教え通り、のちの日本の民主主義を実現する背骨となったのである。

激動の時代に生きる

明治四十二（一九〇九）年、伊藤博文がハルビンで暗殺された。日本の朝鮮国保護化に反感をもった民族主義者・安重根がハルビン駅頭で伊藤を暗殺するという事件だった。伊藤本人は保護化には消極的だったのに皮肉な事件であった

翌明治四十三年、大逆事件起こる。幸徳秋水、管野スガらの社会主義運動家が天皇暗殺を企んだとして、全国で数百名が一斉逮捕され、幸徳ら十二名が処刑された。幸徳らを見せしめに社会主義、無政府主義を封じ込めた事件で、いわば弾圧であったが、これを機に社会主義運動は下火になり、明治政府はいよいよ全国的に挙国一致体制を強めてゆく。

この間新渡戸は増田義一の懇請により実業之日本社編集顧問に就任し、『実業之日本』に連載をはじめる。教養、学問は民の実用に還元せねばならない、という信念の実行である。この間、エッセイ集、『随想録』、『帰雁の蘆』、『ファウスト物語』、『世渡りの道』など上梓している。その精力的な執筆活動には目を疑うばかりだ。

明治四十四年、第一回日米交換教授として渡米。四十九歳を迎えた時だった。

このころ、アメリカでは排日運動が盛んになっていた。陸海軍の軍備の拡大、大陸進出、南満州経営などで日本は国際的な非難を浴びていた。アメリカの一部では日本は仮想敵国になっていた。首相

の桂太郎、外相の小村寿太郎は、渡米経験があり在米の要人との交流もある新渡戸に一高校長在任のまま日米交換教授として渡米させた。

「太平洋の橋とならん」時がいよいよ来たのだ。

新渡戸は精力的に活動し、アメリカの大学で講義。各地で百六十六回の講演を成し遂げた。カリフォルニアでの日本人労働者への非難の誤解を解き、日本の国情を話し、理解を求めた。母校のジョンズ・ホプキンズ大学では拍手・喝采を浴びたようだ。新渡戸の卓抜な講演能力を示した実例である。新渡戸は同行の鶴見祐輔に「多少お国のためになっただろう」と漏らしている。

明治時代の終焉

明治四十五（一九一二）年七月三十日、明治天皇崩御。

アメリカからの帰路英国に立ち寄っていた新渡戸は天皇崩御の報を知り、急遽シベリア鉄道で帰国した。この年清国は滅び、中華民国が成立した。

翌年第一高等学校校長を辞任して東京帝国大学法科大学教授専任となった。この数年間、多忙を極め、持病の神経痛が発病したと思われる。政府要人、各産業界、友人・知人との会合があり、頼みに来る人には断らず必ず相談にのるという律義さを守り（故郷から上京した人の東京見物にまでつきあっている）、交際過多、会議疲れ、要は働き過ぎが原因と思われるが、心身を休めることを新渡戸はまるで知らないようである。

大正三（一九一四）年、第一次世界大戦が勃発した。

日本は八月、ドイツに対して宣戦を布告。ドイツ軍の拠点・青島を占領した。ドイツの主戦場はヨーロッパでアジアに回す戦力はなかった。二、三か月で戦いは終わり、三度の国際戦争で連戦連勝、日本帝国軍部、および日本人はいよいよ「神国」の幻想を抱いた。このころ、国家予算の六割が軍事費で使われていた。

『武士道』を出版して帰国後、新渡戸は津田梅子の設立した女子英学塾（現・津田塾大学）理事となり、東洋協会植民専門学校（現・拓殖大学）学監に就き、さらに大正七年、東京女子大学が創立され学長に就く。同時に、「軽井沢通俗夏季大学」（のち軽井沢夏期大学）の初代学長を務めた。

新渡戸の八面六臂の活躍に、「新渡戸は八方美人」などとの陰口もささやかれたようだが、新渡戸から望んで役職についたことは一度もなかった。新渡戸は依頼されたことに一度は必ず断っている。それでも、と乞われて相手の要求に応じている。そのあたりに武士道精神を垣間見ることができるだろう。

大正八年、ヴェルサイユ条約が締結され、第一次世界大戦は終結した。

敗戦国・ドイツの戦後処理が行われた。理想主義者だったウィルソン米大統領は恒久平和、民族自決のために「国際連盟」設立を提案。四十二か国が参加し日本は常任理事国となるが、このとき、たまたま新渡戸は後藤新平とともに外遊中でロンドンにいた。日本側の委員であった牧野伸顕（外務大臣、文部大臣、新渡戸の一高校長の推薦人）と会ったのがきっかけで国際連盟事務局次長に推薦された。早々にジュネーブにあった国際連盟本部へ赴任。大正九年のことで、のちの七年間をジュネーブで過ごすことになる。

国際連盟では新渡戸の教養、国際性、雄弁、人格の温厚さが存分に発揮されることになる。連盟スタッフは各国からの若い人が多かったため、経験豊富で英語が堪能な新渡戸は尊敬され敬愛された。

連盟精神普及のため外国へ出向いての講演はほとんど新渡戸が担当した。事務総長は英国人のドラモンド卿であったが、彼は新渡戸の熱弁、説得力、聴衆の理解の速さに感服し、「事務局中、新渡戸に及ぶ者はいない」と絶賛した。彼が〝ジュネーブの星〟と呼ばれた由縁である。オーランド諸島（バルト海に浮かぶ諸島。フィンランドとスウェーデンの国境地域）の領土紛争も新渡戸の機転で解決が進んだ（「新渡戸裁定」といわれる）。

新渡戸の特記すべき業績は国際連盟事業の一環として国際知的協力委員会（ユネスコの前身）が発足した折、その中心人物となったことだ。世界中から識者が集まり、アインシュタイン（独）、ベルグソン（仏）、キュリー夫人（波）、ギルバート・マレー（英）などが参加した。新渡戸はとりわけベルグソンとマレーとに公私を問わず親交を結んだ。

悲しい出来事が続いて起こった。大正十年、原敬首相の暗殺、大正十二年には有島武郎が自死した。それらの悲しみも突然起きた関東大震災により消し飛んでしまった。このとき、新渡戸はジュネーブにいて無事だったが、東京は崩壊し日本経済は大打撃を受けた。

一方、楽しいエピソードもあった。

精神科医、著述家であり、美智子妃殿下（当時）を精神的に支えたといわれる神谷美恵子は新渡戸の一高時代の教え子、前田多門の娘だった。前田がＩＬＯ（国際労働機関）の日本代表としてジュネーブに赴任して家族を連れてきた。前田の妻は新渡戸が顧問をしていた普連土学園の出身者で、新渡戸が前田に紹介し、二人の仲人をしたという経緯がある。美恵子は新渡戸には自分の孫娘のような存在だった。懐かしい教え子との出会いと温かい家族同士の交流が始まった。幼い美恵子は新渡戸に可愛がられ、その雅量に触れて育った。

のちに美恵子は渡米し、ペンシルバニアでクエーカーの影響を受けたことも新渡戸の導きだったのだろう。美恵子はその後精神科医となり東大病院精神科医局に入るが、そこでの教授が内村鑑三の長男・祐之だった。まさに人生の奇縁を感じる出来事だ。

「私の進むべき道は、苦しむ人、悲しむ人に寄り添うこと」と、その後美恵子は当時隔離されて希望のなかったハンセン病患者の治療に生涯を尽くすことになる。美恵子の生き方は新渡戸の博愛精神を純に継いだものだった。

大正十五年、大正天皇が逝去し、短い大正時代が終わった。新しい昭和の時代は世界恐慌とともに始まった。

昭和二（一九二七）年、七年間に及んだ国際連盟の仕事は終わった。新渡戸は満足感に満ちていた。一高校長は日本の未来をつくる仕事、国際連盟は未来の世界をつくる仕事となった。

帰国早々新渡戸を待っている男がいた。札幌農学校の教え子だった森本厚吉である。新渡戸を師とした森本は女子教育向上のため女子経済専門学校を創設するが、新渡戸はその校長役を依頼された。女子経済専門学校は「新渡戸文化短期大学」として東京中野に現存している。

昭和三年、中国で二つの事件が起こった。済南事件と張作霖爆殺事件である。済南事件は山東省済南における蔣介石率いる国民革命党と日本軍との武力衝突事件で、革命軍の一部が日本人を襲撃したという情報に基づき、日本軍が山東省に出兵した。張作霖爆死事件は奉天近郊で関東軍が軍閥の張作霖を暗殺した事件だ。二つの事件はともにその後の中国進出、満州国建国をめざす大日本帝国の裏面工作といえるだろう。

当時の国民に国際意識は乏しく、もっぱら軍の膨張政策に同調しており、日本人は一等国民、朝鮮・中国人は二等国民、東南アジア民族は三等国民という劣等差別の風潮に甘んじており、純血の大和民族が下等民族を支配するのは白人がアジア民族を支配するのと同じように当然の理のごとくに思われていた。

かような時代に大和民族＝純血主義に対して、新渡戸は以下のように発言している。

——誇りとすべきことは必ずしも人種の純粋なる点ではない。また国家の勃興し隆盛となるは人種や血の単一なるによるとも思われぬ。欧洲の諸国を見渡しても、如何なる国でも人種的に統一された純粋な所は一もない。故に我々の系図の中に朝鮮人や支那人の入っているのを寧ろ誇とする時代が来るであろう。（中略）何れにしても事実に基いた説でないものを、あたかも学説であるが如く政略的に用うることは、方便としても長く続くものでなく、また我々が良心に省みて快しとすることでもない。

（『東西相触れて』 実業之日本社）

国際情報に長けた新渡戸は過度に膨張する母国に対して、冷静な批判の目を失わないでいたのである。

新渡戸の大らかな人格を知るエピソードが残っている。

昭和四年一月、新聞各紙は一面トップで「新渡戸博士邸へ凶悪なピストル強盗」という記事を報道した。強盗が新渡戸邸に押し入り、どの部屋も本だらけなのに戸惑いながらも、新渡戸を見つけ、ピストルを構え、「金を出せ」と迫った。新渡戸は平然として「いくらほしい」と強盗に尋ねると、「千円出せ（今の二百三〇万円相当）」と強盗。「家にそんな大金はない」と新渡戸。「では五百円出せ」、「だいぶ負けたな」——のやりとりがあり、起きてきた女中から「先生、からかってはいけません」とたしなめられもした。結局メアリー夫人が財布からお金を出し、四十円を受け取って賊はしぶしぶ階段を降りて行った。その背中を見ながら、新渡戸は「けがをしないように用心して行け」と声をかけたという。犯人は逮捕され、新渡戸の沈着さが話題となった。（本村凌二『世界史の叡智』中公新書）かねがね新渡戸は一高生に「人を見たら泥棒とみなせ」という封建時代の悪習を捨て、「人をみたら友人と思え」と説いていたが、まさにその心を実践するエピソードだ。盗人にも三分の理——というところだろうか。

この年、大阪毎日新聞社、東京日日新聞社、両顧問に就任。前述した太平洋問題調査会理事長となり京都で開催された第三回太平洋会議の議長を務める。

満州事変から十五年戦争へ

昭和六（一九三一）年、満州事変が起こった。

九月十八日、奉天（今の瀋陽）郊外の柳条湖付近で、当時日本が経営していた南満州鉄道の爆破事件があった。関東軍はこれを中国軍の破壊工作と決めつけ、直ちに軍事行動に出た。実際には関東軍が自ら仕掛けた陰謀であったが、関東軍はあっという間に奉天、長春、営口の各都市を占領した。中国側はすぐさま国際連盟に訴え、その後リットン卿を中心とした国際連盟が調査した結果、「満州事変は日本の侵略行為であり、自衛とは認定できない」と報告した。

昭和七年、関東軍は清朝最後の皇帝・溥儀を傀儡《かいらい》政権として立て満州国を建国させた。

昭和八年三月、日本は国際連盟を脱退。

日本は世界から孤立してゆくなかで、昭和十二年、盧溝橋で日本軍と中国軍が衝突し、ついに全面戦争（日中戦争）となった。満州事変が端緒となり太平洋戦争終結まで、以後十五年間に及ぶ戦争が始まったのである。

それより前のこと、昭和七年二月四日、「松山事件」が起こる。新渡戸は講演を頼まれた愛媛県松山で海南新聞（現・愛媛新聞）のインタビューに答え、

「わが国をほろぼすものは、共産党か軍閥である。そのどちらがこわいかと問われたら、今では軍閥と答えねばならない」

と、発言した。

さらに「国際連盟が認識不足だというが、だれも認識させようとしないではないか。上海事変に関する当局の声明は、三百代言的と言うほかはない。正当防衛とは申しかねる……」

満州事変の翌年の事だ。世界恐慌のなかで経済崩壊直前にあった日本は、満州開発へと希望をつないでいた。関東軍は暴走したが、政府とてその後押しはしなかったが、経済的な支配は狙っていた。

この時、「一人一殺」という宗教団体がらみの血盟団が結成され、井上準之助前蔵相、團琢磨（実業家）が暗殺された。いずれも軍事予算拡大には懐疑的な人だった。さらに五・一五事件で犬養毅首相が殺害された。犬養も満州国建国には賛成していなかったからである。

この軍国主義一辺倒の危険な時期に、新渡戸はよくぞ発言したものだ。すぐに全国紙が反応し、日本新聞、時事新報はじめ他の新聞も新渡戸に対する反論を書いた。

「魂のすえどころを米国におき、国際連盟の支持をうしろだてとする日本否定の常習犯人、新渡戸博士の暴言を、八千万国民は是認するのか」（日本新聞）

当然ながら軍部や愛国主義者、戦没者遺族、退役者団体から非難を受け、新渡戸は「国賊」と罵られた。東京小石川小日向の新渡戸の自宅には石が投げられ、罵声を浴びせる集団が現れ、無断で自宅

に押し入る危険な輩もいた。さらに軍部と共産党を同等においたため、社会主義者からも攻撃された。事態を放っておけないと海軍の左近司政三《さこんじ》次官、陸軍の永田鉄山軍務課長が新渡戸の自宅を訪問して真意を質したおり、新渡戸は柔軟な姿勢となり、二人を説得した模様である。左近司の談として、「新聞記事に博士の意志と異なる点のあることが判明、両人も釈然とし、国家のために一段と尽力ありたしと申し述べて引き取った」とある。

軍部と一応の和解はしたが、そのために今度はアメリカ側から天皇崇拝者、帝国主義を後押しする者として疎まれることになる。

昭和七年四月、新渡戸は意を決して渡米した。すでに七十歳に達していた。かつて排日移民法が成立し、「二度とアメリカの土は踏まない」と憤慨して以来、ほぼ十年ぶりのアメリカである。

このとき中国に同情的なアメリカでは反日感情が高まり、日本は仮想敵国とまでになっていた。自分を育ててくれたアメリカ、愛する妻メアリーの祖国、新渡戸は居てもたってもいられなかったのだ。自分の意志、自費での渡米だった。新渡戸は「暗夜に飛び込む」心情で、勇気を振り絞って決断した。

アメリカの要人たち、時のフーヴァー大統領とも会見し、日米親善のための講演はこのときも百回を超えたといわれる。しかし以前のように聴衆は新渡戸に拍手をおくらなかった。かつての友人は「老いた新渡戸」と同情した。

帰国後、日米関係に深く関心をもっていた天皇は新渡戸を招き、一時間にわたり報告を聞き、国際連盟を脱退したのちの日本のあり方などを新渡戸に相談した。また一民間人としての新渡戸の行動に感謝の意を述べた、といわれる。

昭和八年五月十四日、盛岡に向かう。最後の帰郷であった。まるで死期を予期するような出来事だった。人生の最後に愛した故郷を見納めようと思ったのだろうか。

新渡戸は母の眠る菩提寺・久昌寺に詣でた。母・せきとは上京する九歳の時以来会っていない。ただ文通は続けており、生涯にわたる母からの手紙は大切にとってあった。母は「家名に恥じることなきよう。一人前になるまでは帰省するな」と書き続けていた。新渡戸はのちに以下のことを書いている。


——親を思う子の心にまさるは、子を思う親の心なりとやら。相互の思いやりありてこそ、人の万物の霊長たる実が見ゆるなれ。親子の愛は人類の愛の根元。（『一日一言』実業之日本社）

昭和八年八月二日、新渡戸は日本を発った。バンフで行われた太平洋会議は八月十四日から二週間続いた。以後の経緯は前述した通りだ。

過労のなかでの急病。そして死——。

日本国は新渡戸の意志とは相反して太平洋戦争を起こし、アメリカと戦い、三百十万人の犠牲者を出して惨敗した。

新渡戸の ambition、「太平洋の橋」が目の前で崩れ落ちていった。孤立した新渡戸の体調の急変はそうした緊張情況が起因している。病床のなかでも新渡戸は執筆の手を緩めず、執念にも近い人だった。

最期の言葉は、

「あの軽井沢の三度山《さんどやま》の川のせせらぎをもう一度聞きたい」

だったという。

新渡戸にとっては夏、軽井沢で過ごした休暇の日々が心の憩いだったのだろう。メアリー夫人と看護婦は雨樋を工夫し、新渡戸の耳元で水を流して慰めたという。

新渡戸の葬儀は東京青山斎場で執り行われた。

葬儀委員長は佐藤昌介、そこには宮部金吾、大島正健、森本厚吉など若き日を過ごした札幌農学校の学友、後輩ら、鶴見祐輔、前田多門、田島道治ら第一高等学校の教え子たち、総理大臣はじめ各大臣、政治家、実業家、軍人などに交じり、制服姿の学生や女学生、一般市民、労働者などの姿もあり、約三千人もの人々が手を合わせ棺を見送った。

葬儀の最後には遺言通り讃美歌の「また会う日まで」が全員で歌われた。

しかし、そこにはすでに内村鑑三、有島武郎の姿はなかった。

彼らは天国で新渡戸を待っていた、だろう。

メアリー夫人は新渡戸の死後もアメリカの実家へは帰らず、新渡戸の好きだった軽井沢、三度山の別荘で静かに晩年の日々を送った。

第十三章　軽井沢、星野遊学堂

内村鑑三、今井館聖書講堂のこと

令和五（二〇二三）年六月、内村鑑三の終焉地を訪ねた。

終焉の地、東京市外柏木（現在の北新宿三丁目一〇番）はかつては田園地帯で、畑地が広がり、雑木林には野鳥が飛び交う郊外だった。今は新宿副都心の一角となり、高層ビルやマンションがひしめく大都会の中心街へと変貌している。

新大久保駅から大久保通りを西へ十分ほど歩く。建設工事中の雑居ビルやコンビニ、クリーニング店などが並ぶ商店街の一角に旧宅跡があった。一階が整骨院という三階建ての小体なビルの壁に「内村鑑三終焉の地」の案内プレートがはめ込まれ、新宿区の指定史跡とされていた。わざわざここまできて、「これだけなのか」と、いささか当て外れだったが、案内プレートには、

――この地は、キリスト教思想家・聖書学者である内村鑑三（一八六一―一九三〇）が、明治四〇年（一九〇七）十一月から昭和五年（一九三〇）三月二十八日に亡くなるまで暮らした住居の跡である。（中略）

内村鑑三は後半生から晩年にかけての三十一年間を新宿区内［注＝角筈に八年、柏木に二十三年］で過ごした。明治

四〇年に豊多摩郡角筈村（現在の新宿区西新宿）より、この地（注＝柏木村）へ越してきた鑑三は、翌年に、住居の隣に今井館聖書講堂を建設して講義を行った。

と、ある。

内村鑑三は萬朝報を辞任してのちは自らの〝天職〟を自覚し、ひたすら聖書研究者の道を歩むことになる。その姿は世俗を離れた孤独な予言者を思わせ、「角筈《つのはず》の隠者」、「櫟林《くぬぎばやし》の聖者」などと囁かれた。

昭和五（一九三〇）年三月二十八日、柏木の自宅で妻と息子夫婦に見守られ、安らかに世を去った。本人の望んだ通り、桜の下、主の復活節に近い春の日のこと、六十九歳だった。

掲示板にある今井館聖書講堂とは大阪の香料商、今井樟太郎の妻・信の寄進により明治四十年に内村邸の隣りに建設された。内村は感謝を込めて今井の名を冠して命名した。以来今井館は半生にわたる内村の講義、研究、自己啓発の場となった。建物はその後の道路計画のため、昭和十年目黒区中根に移築され、さらに今はＮＰＯ法人今井館教友会として文京区本駒込に現存している。

本駒込の今井館教友会を訪ねた。本駒込六義園の脇、静かな住宅地の中にあった。

独特の三角屋根はもとの建物を復元したイメージで、明るいベージュ色の壁に横長の窓というユニークな造作には宗教臭さはまったく感じない。

理事長の加納孝代さんに会った。いかにも柔らかな知性を感じさせるご婦人で、その肩書に似合わず丁重で穏やかな表情で話してくれた。

「こちらは教会と違い集会場、講義室で、今井館は皆様方に開放しています。クラシックコンサートや研修会の催しもしています。資料室には内村鑑三と関係者の著書一万点が保存されており、今その膨大な資料を電子化しているところです」

玄関脇には内村の書があり、「読むは聖書、なすは労働、学ぶは天然」という自筆の額が飾られてあった。二階に登り、静まったホールに佇むと、かつて百人を集めたという柏木今井講堂の内村の野太い声が甦ってくるようだった。

加納さんは、「無教会の人々に共通しているのは〝良心〟だと思います。聖書だけと向き合い真っすぐで清冽な生涯を貫いた内村鑑三の良心をここへ来て皆さんが確認されるようです」

と語った。

貧困をも楽しむかのような生活ぶり

思えば、内村鑑三は最後まで自らの ambition、J & J（Jesus & Japan）を貫き通した男だった。キリスト教への信念を曲げず、伝道者たる思いを貫き、家族に見守られて安らかに眠った。

内村の後半の人生は破綻と失望の連続であり、新渡戸、有島に比べると、決して恵まれた境遇ではなかった。良くも悪くも負けん気、強情、遠慮憚らぬ人柄が禍いした。日本人には稀な頑強な体格、大きな長い眉毛と口髭、ギロリとした鋭い目、団十郎に似るといわれた野太い声……睨まれたら誰もが気圧されるような風貌である。

息子の嫁の美代子は、「怒ったら、それこそ夕立と雷が一度に落ちるようなものでした」と『晩年の父内村鑑三』（教文館）に書いている。

愛弟子だった小山内薫と有島武郎を後継者にと期待していたが、

「小山内薫氏が、父の周辺に材をとって書いた『背教者』が朝日新聞に連載されはじめた時の父の怒りはすさまじいものだった」

「熱心なクリスチャンであった有島氏が、クロポトキンに感化された末、ついに人妻と情死という結末をとるに至った時の、父の怒りと悲しみとも深く、父はこれを正義の頽廃のシンボルと見、その二カ月後の関東大震災を神の怒りと解したほどであった」

と、回顧している

一方でユーモラスな人柄でもあり、にっと笑うと金歯がのぞく愛敬さもあった。

「飼い犬の名に、ネブカドネザル大王の名をとってネブとつけるようなことをした人です。まじめ一方の大先生ではありません」

孫の正子は目に入れても痛くないほど可愛がった。

「抱くばかりではあきたらず、果てはねんねこでおんぶして、漫画になりそうな格好をしておられるので、『それで横町のポストまで、郵便を出しにいらしたら』と言うと、『百円もらっても行かれないな』と大笑いだった」

良くも悪くも心の振幅の激しい人だったのだろう。

第一高等中学校（のちの第一高等学校）での「不敬事件」が苦難の始まりだった。

世論から国賊、不敬漢と罵られ、看護した若き妻のかずは内村の流感が移り、その三か月後に亡くなった。収入源を断ち切られて内村はしばし路頭に迷う。時に教会での説教を依頼されるが、内村には正式な免許はないため、外国人宣教師とは絶えずトラブルが生じた。

貧困に関して内村は一流だった。もっとも貧しかった京都時代、十歳年下の良家のお嬢様だった岡田しづを三番目（四番目という説もある）の妻に迎えたときなど、借家の押入れは空っぽ、結婚式の羽織、袴は借り物、本箱、机もなく、床の間は書物が乱雑に積み重なっていた。しかししづはそんな極貧生活の中でも持ち前の忍耐強さを発揮して、鑑三を立てて暮らしをやりくりした。内村は金には縁はなかったが、夫人には恵まれていた。

神は努力する者を放ってはおかない。

今井館を寄贈した今井樟太郎との出会いが象徴している。今井は内村より九歳年下で、若くして受洗したクリスチャンだった。二十歳代の若さで大阪で香料商社「永廣堂」を創業したが、友人に裏切られ、事業に失敗し多大な借財をかかえて路頭に迷っていた。そうした人生のどん底で内村にめぐり会う。今井は内村の講話から勇気を得、その後苦労を重ねて会社を再興し借財を返し、東京に支社をもつほどに事業を成功させた。上京した今井は柏木の内村宅に感謝を伝えに会いに行く。内村は自分の発行する『聖書之研究』誌の第一号に今井の勤労、努力を称えた。それが縁で今井と内村の関係がはじまり、今井は『聖書之研究』に自社の広告を出し、内村を助けた。今井はわずか三十六歳で死去するが、その心を繋いで夫人が講堂を寄付したのである。

内村鑑三の代表的な思想である〝無教会主義〟や〝再臨運動〟は、この今井館での活動が支えた。天逝した今井が今度は内村に勇気を与えたのである。

長女ルツと教授になった祐之のこと

家庭では、しづとの間に二人の子どもが生まれた。

長女ルツは結婚二年後の明治二十七（一八九四）年に生まれたが、女学校を卒業してから体調を崩し、医師からは不治の病と告げられ、明治四十五（一九一二）年、わずか十七歳で亡くなった。人生の喜怒哀楽も知らずはかない運命だった。内村の嘆きははかり知れず、このときばかりは天を仰ぎ、聖餐を施して神に祈ったが、その声は届かなかった。

内村は告別式で、「この日はルツの葬式ではなく、結婚式だ。愛しいわが子を天国に嫁入りさせるのだ」と述べた。式が終わり、雑司が谷墓地へ棺を納めたとき、内村は一握りの土をつかみ、高くあげ、甲高い声で「ルツ子さん万歳！」と叫んだ。参列した弟子の矢内原忠雄は、全身雷で打たれたように立ちすくんだ、とのちに書いている。

長男の祐之《ゆうし》は父親から洗礼を受けクリスチャンとなり、第一高等学校、東大医学部へと進んだ。運動能力にも優れており、野球選手として活躍。一高時代（現・東大教養学部）には強敵の早稲田、慶應を破り、名だたる左腕投手として全国制覇をなしとげた。のちには米大リーグ関連の翻訳を手がけ、プロ野球コミッショナーとしても活躍した。

祐之が東大卒業後、ドイツ留学を経て、北大医学部精神科教授として札幌に赴任が決まったときの鑑三の喜びはいかばかりだったろうか。わが子が母校の教授となったのである。以来、孫の正子の顔見たさもあってしばしば札幌を訪れることになる。札幌は青春の地、宮部金吾や新渡戸稲造とともに活動した札幌独立キリスト教会は若き日の遺産であった。

講演や著述業では月々の家族の暮らしは支えきれず、苦闘の日々が続いた。しかし健気で慎み深い夫人に見守られ、優れた息子夫婦に囲まれ、さらに孫にも恵まれ、災いも多かったが一番幸福な人だったか、とも思える。何よりも己が信じたキリストの教えを守り、へこたれず、裸一貫で貫き通したことが晩年の円満を招き入れた。

星野遊学堂と軽井沢高原教会

内村鑑三にとって、軽井沢の星野温泉は避暑地であるとともに別天地だった。とりわけ緑の森や浅間山の伸びやかな稜線は自然崇拝者の内村にとっては魂の安らぎを感じさせた。内村にとって「天然（自然）」は精神を支えるみそぎの場だった。

大正十（一九二一）年から毎夏、内村は軽井沢の星野温泉の離れ（貸別荘）で暮らした。軽井沢はキリスト教ゆかりの地でもあり、高原には清らかなピューリタンの風が吹いていた。別荘暮らしの新渡戸稲造に会えることも楽しみの一つだった。

きっかけは「芸術自由教育講習会」に特別講師として招かれたことだった。

芸術自由教育講習会は小説家、児童文学者だった鈴木三重吉が主宰する童話雑誌『赤い鳥』が募集した夏期講習会で、大正十年、星野温泉で一週間開催された。全国から定員の百四十人を超える小学校の教員らが参加した。講師には北原白秋、片上伸（早大教授）、山本鼎《かなえ》（洋画家・農民美術指導者）ら、課外講師は内村ほか、鈴木三重吉、巌谷小波（児童文学者）、島崎藤村など豪華な顔ぶれだった。

講習会では講師がテーマを出し、聴講生が思ったこと、感じたことを述べ、著名な作家や芸術家たちと自由に討論ができた。豪放ながらも爽やかな内村の講演は人気の中心だった。

軽井沢夏期大学も大正七年のことで、この時代はそうした開かれた学問、芸術運動が大正デモクラシーの潮流を支えていたのであった。軽井沢は東京から離れ、外国人が多く住む異国情緒溢れる別世界。聴講生の知的好奇心を満足させる憧れにも近い魅力があった。

芸術自由教育講習会の校舎は材木小屋を改修したような造作で、剝き出しの板壁、白木の机、椅子、床には絨毯代わりに木片が敷き詰められていた。素朴だったが木の香りが漂い、シンプルななかにも気品があった。内村はその建物を「星野遊学堂」と名づけ、「遊ぶことも善なり、遊びもまた学びなり」の精神を伝えた。

令和五（二〇二三）年十月下旬、星野温泉を訪れた。

中軽井沢から千ケ滝通りを草津方面へ一キロほど。星野エリアは今や旧軽銀座と並び軽井沢の二大人気エリアとなっている。

かつては鄙びた木造旅館だった星野温泉旅館は今はなく、周辺は現代的なリゾート地に変貌している。高級リゾート「星のや軽井沢」を中心に、お洒落なブティックやレストランが並ぶ「ハルニレテラス」、源泉かけ流しの立ち寄り湯「トンボの湯」、また隣接して「軽井沢野鳥の森」があり、「ピッキオ」では観察ツアーを開催している。太古の自然の中に現代感覚が融合したかのような別世界だ。

内村は旧温泉宿近くの十二号棟別荘を借りて定宿としていた。

かのグラント大統領が来日したとき、日光参詣のための宿泊所として洋風の山荘を急遽宇都宮に建てたものだ。それをのちにある篤志家が星野温泉の別荘地へ移築したという。簡素ではあるがモダンな洋風の山荘で、内村は〝グラント将軍の家〟と呼んで気に入っていた。

当時星野温泉の二代目星野嘉政は二十になるかならないかの歳で、内村が人生の道を教え、息子のように可愛がった。嘉政も内村を父親のように慕っていた。

軽井沢高原教会は星野温泉の千ケ滝通り（国道一四六号）を隔てた森の中にある。木造キャビンを思わせる教会で、周囲の自然と溶け込み、爽やかな風のなかにある。結婚式をあげる若い二人の人生の出発点として、これ以上の環境はほかにはないだろう。

牧師の居垣裕芳さんが案内してくれた。

「軽井沢高原教会のもとは内村先生が名づけた〝星野遊学堂〟です。芸術自由教育講習会ののち星野遊学堂で礼拝が行われるようになり、内村先生とともに講師をつとめた、牧師であり作家でもあった沖野岩三郎先生を初代牧師として迎え、軽井沢高原教会が誕生しました。昭和四十年に現在の場所に新しい礼拝堂が建てられ、信者以外の方でも結婚式を挙げられるようになりました」

今も講師を招いた夏季特別礼拝やシーズンにはゴスペル音楽による礼拝を行っている。名は「軽井沢高原教会」となったが、「星野遊学堂」の名は、建物の正面に大きく刻まれている。

「教会に併設している牧師館はこの教会で挙式をされた方や、この地を訪れた方が、ふとお立ち寄りになり、交流する場に。礼拝や催しは人々が集い思い出をつくる場になっています。内村先生の精神は、今もなおこの教会に息づいていると思います」

と居垣牧師は語る。

軽井沢高原教会の傍にある「石の教会・内村鑑三記念堂」は内村鑑三の功績をこの地に留めようとする趣旨で三代目の星野晃良がアメリカ在住のオーガニック建築家・ケンドリック・ケロッグを招いて建設した。ケロッグは日本でも知られたフランク・ロイド・ライトに感銘を受けた人で、ここには十字架やステンドグラス、キリストやマリア像などは一切なく、石とガラス、壁を彩る植物、太陽の光、風の音だけである。

「人間・天然（自然）・聖書」を三位一体とした内村の思想をこれほど忠実に実現した教会はないだろう。地下には内村鑑三資料展示室がある。

内村が二代目の嘉政に残した額や手紙などが陳列されていた。中でも有名な書が、「成功の秘訣一〇ケ条」だ。

星野温泉若主人為に草す

成功の秘訣　六十六翁　内村鑑三

一、自己に頼るべし、他人に頼るべからず。
一、本を固うすべし。然らば事業は自ずから発展すべし。
一、急ぐべからず。自動車の如きも成るべく徐行すべし。
一、成功本位の米国主義に倣うべからず、誠実本位の日本主義に則るべし。
一、濫費は罪悪なりと知るべし。
一、能く天の命に聴いて行ふべし。自ずから己が運命を作らんと欲すべからず。
一、雇人は兄弟と思うべし。客人は家族として扱ふべし。
一、誠実に由りて得たる信用は最大の財産なりと知るべし。
一、清潔、整頓、堅実を主とすべし。
一、人もし全世界を得るとも其霊魂を失はば何の益あらんや。人生の目的は金銭を得るに非ず。品性を完成するにあり。

若き嘉政は運転免許をとったばかりでT型フォードを乗り回していた。あるとき、内村をアメリカンベーカリーまで乗せていった。そのときの運転がよほど荒っぽかったのだろう。翌朝、旅館の玄関にぬっと現れた内村がニカッと笑って若主人に渡したものがこの一〇ケ条である。

のちに『やまぼうし～星野温泉のあゆみ』（昭和四十七年）を書いた嘉政は、文中で、「なんにもわからない田舎者を、信仰を持って間違いのない人間にしようと、ご指導くださったものと感謝にたえない。めったに毛筆を持たれない先生が、英文と和文で四枚もの額を書いてくださった。今もって、先生の跡を尋ねてくる人が絶えないのを見て、先生の偉さが今ごろになって漸くわかってきた私である」と、書いている。

石の教会の散策路の傍らに、碑石が建ち、その表面に、

I for Japan
Japan for the World
The World for Christ
And All for God

と内村の墓碑銘が刻まれていた。裏面には鑑三の肖像がある。以前は高原教会の前の噴水池に作られたもので、碑石の上にかわせみが置かれ、その口から噴水が吹き上がる仕掛けだった。嘉政が内村のために東京芸大の伊能洋教授に設計を依頼して作ったものだ。

昭和五十五（一九八〇）年八月三十日、完成の除幕式が行われたとき、すでに長男の内村祐之は八十歳を超えていた。しかし彼は主催者が気づかって止めるのを拒み、おもむろに立ち上がりスピーチした。

「父が若い時に墓碑銘としてつくったこの句が晩年のゆかりだった星野温泉、軽井沢高原教会の隣りに建ったのは大変嬉しいことだ」と語り、嘉政はじめ関係者に感謝した。

スピーチのあと彼は肩の荷をおろしたように、

「これで最後の親孝行ができた」

と、妻の美代子の耳元にささやいた。

それから二十日もたたぬ九月十七日、祐之は卒然として父のもとへ去ったのであった。

第十四章　「北の星たち」が伝えたこと

札幌、遠友夜学校

札幌市の南に豊平川が流れる。都心にありながら近年は鮭の遡上で話題となっているところだ。

その川に架かる豊平橋の近く、南四条東四丁目に「新渡戸稲造記念公園」がある。公園の一角には青年のブロンズ像が建ち、「新渡戸稲造・萬里子両先生」と銘うたれ、青年のもつ花輪のなかに二人の並んだ胸像が彫り込まれている。それがなければ滑り台がポツンとあるただの小公園だ。訪れたのは令和四年十月中旬、明るい午後の光の中で母親に見守られた子どもらが無邪気に遊んでいた。

公園は新渡戸夫妻が創建した遠友夜学校の跡地である。二人は教育制度が未整備だった明治二十七（一八九四）年、小学校や中学校へ行けない貧困家庭の子どもたちや教育を受けられない勤労青少年のために無料の夜学校を創立した。

夜学校創立の構想は長らく新渡戸の胸中に育まれていた。ドイツ留学中、宮部金吾に送った手紙にはこう書かれている。

——札幌に対する今日の僕の持って居る歓心の夢は、貧しい人々や官吏の為に夜学校を設立することである。又読書室を有する出版所及び若し必要なれば女学校も設立したい。

（明治二十年八月七日、ボンからの手紙）

新婦のメアリーを連れて帰国し、札幌農学校の教授となって三年後に新渡戸の夢が叶った。時に日本は日清戦争の直前で、軍事一辺倒の政府は貧民の子の教育などに手を回す余裕などなかった。

メアリーのアメリカの実家から千ドル（今の換算で一千万円ほど）という大金が舞い込んだのだ。夫人の父親はクエーカーの熱心な信徒で困っている人を助けるのを常としていたが、あるとき、孤児を自宅に引き取り家族の一員として育てていた。孤児だった女性はエルキントン家に馴染み、仕事に励み、ついに六十余歳まで独身のままで過ごし亡くなってしまった。

メアリーと彼女はエルキントン家では実の姉妹のように育てられた。千ドルの現金は彼女の遺産の一部で、遺言によりメアリーに送られてきたのだった。

メアリーはこの大切なお金を私物化するのは忍びないと夫に相談した。その結果、永らくの新渡戸の夢だった夜学校を二人で創建しようということになったのである。

当時豊平川のせせらぎが聞こえるこの地域はブルーカラーの労働者が多く住み、札幌の貧困層エリアだった。そこでは多くの子どもたちや若者が学校に行けなくて就労していた。

募集要項は以下のごとくである。

本校の特色

一　世界で一つの学校。これ程どんな人でも入れる学校はありません。

一　社会事業団体として諸君の勉強に最大の誠意と関心とを持っています。

一　勉強は夜六時半から九時十五分迄。

一　働きながら勉強出来ます。
一　幾ら年をとっていても差支へありません。
一　六年を終へていない人でも十三歳以上では小学校へ行けませんし、小学校を卒業しても分からなかった処をもっと勉強したい人は初等部に来て下さい。
一　男でも女でも構いません。
一　何時《いつ》でも入れます（初等部だけ）。
一　月謝は要りません。
一　学用品はあげます（初等部だけ）。
一　先生は諸君の友達です。
一　中等部の方は中等学校の勉強をします。中学校へ行けない人のために設けてあります。

当初は民家を改修した建物で生徒数も少なく寺子屋のようなものだった。教員は札幌農学校の学生が主だったが、新渡戸自身も教壇に立ちリンカーンの話をした。リンカーンはケンタッキーの貧しい農家に生まれ、靴さえ与えられず、学校へも行けなかったが、職業を転々としながら独学で法律を学び、ついには第十六代アメリカ大統領となり、奴隷解放宣言をした人だ。新渡戸は彼の言葉「With malice toward none, With charity for all（誰に対しても悪意を抱かず、すべての人に慈悲の心をもって）」を座右の銘としており、その言葉を自らの使命とし、遠友夜学校の壁面にも扁額として直筆で掲げた。

遠友の名は論語の「朋あり　遠方より来たる　また楽しからずや」に由来している。新渡戸は友人らに恵まれ、内村鑑三、宮部金吾、広井勇など東京英語学校からの友人らと親交は続き、手紙のやりとりは生涯に及んでいた。また生後わずか一週間余りで亡くなった遠益（トーマス）の「遠」の一字を使い、愛児の友という意味も込めたのだろう。

その名と実績が知られるにつれ、生徒数も増え、校舎も増改築が行われた。明治四十二（一九〇九）年に増築された校舎は総坪数七十四坪、百二十人を収容し、さらに大正十（一九二一）年には百十六坪となり、収容人数は二百五十人を数えた。その間、数千人の卒業生を送り、数百人の農学校生（のちには北大生）が無報酬で教壇に立った（この周辺の状況は有島武郎の小説『星座』に描かれている）。

新渡戸が病気療養のため離札したのちも代表は宮部金吾、大島正健、有島武郎（有島は校歌もつくっている）、半澤洵らが受け継ぎ札幌独立教会の同志らの援助も大きかった。

昭和十九（一九四四）年、戦雲が広がり閉校に追い込まれるまで、遠友夜学校は日本でも稀有な夜学校として五十年の歴史を刻んだのである。

今、札幌では「新渡戸遠友館」（仮称）の建設計画が進行中だ。公園の一角に記念館を新築し、新渡戸の業績を研鑽し、新たな時代にあった市民のコミュニケーションの場を創出しようというものだ。一般社団法人「新渡戸遠友リビングラボ」の特別顧問、松井博和さんに会った。

松井さんは北大名誉教授で、札幌農学同窓会の理事長を兼任している。道庁近くビジネス街の一角のビルを訪ねた。

小柄だがいかにも元教授という風格があり、穏やかな口調で、

「私たちは新渡戸の子なのです。新渡戸は百年も前に国際平和、人種・民族の被差別、地球環境保全を提唱し、自ら実行してきました。今の国連のいうＳＤＧｓの先駆者でした。私たちはその志を未来に繋いでゆかねばなりません。とくに若い市民や学生たちに先人の教えを伝え、新しい国際時代に呼応する精神、文化を醸成する場（新渡戸遠友館）をつくりたいと思い、この事業をはじめたのです」

そうか、新渡戸精神は今、この激動の時代でこそ求められるべきものなのだ。この国では百年経っても、女性の社会進出は世界標準より遅れているし、富裕層と大衆の格差は広がるばかりで若者層の貧困問題が話題となっている。脱炭素の環境課題は世界から立ち遅れ、宅地開発のための森林伐採で土砂崩れが頻発しており、福島原発の被爆処理も完全とはいえない。世界を見ても、地球温暖化は日常化しており、飢餓・難民は続出し、一世紀前の弱肉強食そのままのウクライナ、パレスチナ戦争は先が見えない。

世界は果たして進歩しているのだろうか？　今こそ新渡戸精神を見直すべき時かもしれない。新渡戸が生きていれば、いったい何を警告し、何を実践しただろうか？　新渡戸の志を継ぐべく私たちはそうした問題を意識化し解決すべき勇気をもたねばならない。国際的未来への意識、自覚、発展への交流拠点があれば、その具体的活動の中で新渡戸に応えることができるかもしれない。

松井さんは、

「現在あるのはただの児童公園です。せっかく新渡戸稲造記念公園という名があるのですから、遠友夜学校に習い、老若男女の誰もが隔たりなく集まることができ、明日の日本、地球の未来を語れるコミュニケーションとアクションの拠点にできたらと私たちは願っています。新しい遠友館は二〇二六年の完成をめざして現在基金を募集中です」

ふさふさとした白髪をなでながら松井さんは眼鏡の奥で瞳を少年のように輝かせた。

北大キャンパスを歩く

北大へ行った。緑のキャンパスにはもはや秋風に枯れ葉が舞っていた。

正門を入るとうっそうと茂る楡（エルム、学名はハルニレ）の巨木にまずは驚いてしまう。かつてメアリー夫人が寄贈植樹したもので、今はそれらが老樹となって大枝を伸ばしている。右手に本部建物があり、その前に佐藤昌介の胸像が建っていた。農学校一期生でクラークの教えを後輩に伝え、新渡戸の水先案内人となった人で、〝北大の父〟と呼ばれる。農学校の管理省庁が今のように文部省ではなく開拓使、農商務省、北海道事業管理局と移り変わるたびに財政難から省力化、廃校などと声が上がったが、そんな逆境のなかで農学校の存在価値を訴え、ついには帝国大学にまで押し上げた人だ。この人がいなければ北大はただの北海道の農業専門学校で終わっていたかもしれない。

先に進むと中央ローン（緑地帯）が広がる。私はこの風景が好きだった。

かつては鮭が遡ったという小川が流れ、緑のケンタッキー・ブルーグラス（洋芝）が広がり、楡の大木が影を落とす。クラーク博士像は中央ローンの角にあり、新渡戸稲造の胸像は少し離れた名物のポプラ並木の脇に立っている。

私が通った昭和四十年代、キャンパスはかつて原生林だった痕跡を残し、野鳥が飛び交い、野リスが駆け回っていたが、現在の北大はすっかり整備され、あたかも都市公園のようになっていた。明るく開けて現代的である。旧理学部が「総合博物館」として市民に開放されており、二キロ離れた教養部とクラーク会館を結ぶシャトルバスが走っているのにも驚いた。

この緑多きキャンパスに新渡戸精神は甦っていた。「新渡戸カレッジ」と名のついた特別教育プログラムが大学内に存在しているのだ。

さっそく内田治子特任准教授に話をきいた。

「新渡戸カレッジというと、北大とは別にカレッジがあるような印象をもたれるようですが、これは大学内の特別教育プログラムの名称で、平成十五（二〇〇三）年四月にスタートしました。全学部の入学生（約二千五百人）が対象で、希望者を募り、毎年二百人ほどを選抜しています」

国際的視野に立ち、正しい倫理観に基づいた、自立した個人の育成に努めた新渡戸精神に基づき、現代の国際社会に適応させるべく生まれたのが新渡戸カレッジで、将来世界的視野に立った企業、教育界、学界のリーダーを育てるのが目的のようだ。

「ユニークなのは卒業生による実践教育ですね。実社会で活躍しているOBをフェローとして認定し、フェローたちが直接学生に教える講座をもっています。フェローとともに合宿や懇談会を催し、学生たちの社会への巣立ちを応援しています」

つまり、先輩が後輩たちの門出を助けようというものだ。

「北大の四つの理念、フロンティア精神、国際性の涵養《かんよう》、全人教育、実学の重視。つまり札幌農学校以来培ってきた建学精神を学び直し、グローバルな国際社会に挑戦できる学生たちを育成しようというのが目的です」

カレッジの特徴のもうひとつは留学義務だという。留学は文化の違いや宗教、考え方などに触れ、自分の力を知り、世界への挑戦のきっかけづくりになる。カレッジ生は二年間に一度の海外留学を義務づけられている。

イギリスの高等教育専門誌'Times Higher Education'は毎年世界の大学のＳＤＧｓを中心とした社会貢献力を調査し、全世界大学ランキングを発表しているが、二〇二二年度、北海道大学は世界総合で十位となり、日本の大学ではじめてトップ・テン入りを果たしたという（日本国内では第一位）。

新渡戸精神は現代に受け継がれ、孫やひ孫世代が実践しているのである。

浄月庵、カフェ「一房の葡萄」

場面はふたたび軽井沢に移る。

星野温泉からさほど遠くはない南軽井沢地区に「軽井沢タリアセン」という広大な土地を利用した町営の文化施設がある。塩沢湖を中心に芸術・文学・歴史的建造物を集めたエリアで、メルヘン画で有名なペイネの美術館、薔薇の花々が楽しめるイングリッシュ・ローズガーデン、深沢紅子・野の花美術館、旧朝吹山荘・睡鳩荘《すいきゅうそう》などが点在している。

その一角に「軽井沢高原文庫」がある。川端康成、室生犀星など軽井沢ゆかりの文学者の資料や図書を収集した文学館で、中庭には堀辰雄の山荘や野上弥生子の書斎兼茶室もある。文学好き、軽井沢好きの読書子には格好の散歩スポットといえそうだ。

高原文庫の道を挟んだ反対側に「一房の葡萄」という名のカフェがある。

有島武郎の情死した浄月庵を移築したものだ。その名は有島の有名な童話のタイトルから取っている。板壁の木造二階建て。屋根の二つの明かりとりが特徴的だ。室内は広く、木目のテーブルと籐椅子が置かれ、温かいコーヒーを飲みながら静かな読書を楽しむには格好のところだ。

浄月庵は大正初期に有島の父、武が建てたもので、武の死後、武郎が譲り受けた。武郎は大正五（一九一六）年から毎夏この別荘で過ごし、代表作『生れ出づる悩み』はこの山荘で書かれた。北海道岩内の木田金次郎に会いに行ったのもこの別荘からである。

与謝野晶子が星野温泉（当時は明星温泉といった）に滞在していたとき、有島はこの別荘から晶子に会いに行ったことだろう。あるいは与謝野晶子が人目を忍んでこの山荘を訪れたかもしれない。三度山に別荘のあった新渡戸も散歩がてらメアリー夫人と連れ立って「夏期大学」の打ち合わせに立ち寄ったかもしれないし、弟の有島生馬、里見弴、また在京の友人ら、森本厚吉や足助素一も訪ねてきたかもしれない。広いテラスの籐椅子に座り、ワインを飲みながら熱く芸術論、人生論を語り合ったことだろう。

静寂の中に移ろう光の影を眺めながら、籐椅子に座り、一杯のコーヒーを啜っていると生前の有島の夢見るような文学青年の姿が偲ばれた。

大正十二年六月、有島は愛する波多野秋子と一階中央の十畳ほどの応接室で縊死《いし》した。今、私がコーヒーを飲んでいるあたりかもしれない。遺体発見後、親族は別荘を解体処分しようとしたが、地元青年会が由緒ある建物を残したいと申し出て譲り受け、三笠山山腹から町中へと移築し、天井の太梁を抜くなどして情死の跡を取り去って再生させた。

その後ユダヤ系ウクライナ人で、世界的なピアニストのレオ・シロタ一家が夏の別荘として移り住んだ。娘のベアテ・シロタは少女時代の夏を軽井沢で過ごし、終戦時にはＧＨＱ民政局に所属、日本国憲法の人権条項（第二十四条。女性の権利に関して）の草案を起こした人だ。戦後はニューヨークに在住し、世界の民俗芸能を紹介する舞台芸術監督として活躍した。その記念的な山荘を青年会から町が引き取り、高原文庫へと移築して現在のカフェが誕生した。貴重な有島の遺産がこうしてライブラリー・カフェとして再生されていることに軽井沢町の文化意識の高さを感じた。

黒百合会のこと

有島の絵画における業績も忘れられない。

有島は印象派的な絵を数多く残しており、その出来栄えは弟の西洋画家・有島生馬も認めたほどだった。私が覚えているのは「ヤチダモの木立」という題の絵だが、原野に立つ晩秋のヤチダモの木立の寂しさ、弧愁がいかにも未開の北海道の底知れぬ悲しみを象徴しているようで、題材の選び方、色調のセンスになみなみならぬ才能を感じたものだった。

私が暮らしていた昭和四十年代の札幌では冬になる前、雪虫（ワタムシの一種）が夕暮れの街角の空に舞うことがあった。雪虫は初雪の知らせとされ、初雪の直前に乱舞しヤチダモの木に卵を産みつける。ヤチダモは北国の晩秋を象徴する樹木であることを私は有島の絵画で知ったのだった。

有島が教授時代に創設し、指導した絵画グループ「黒百合会」は今も北大美術部の呼称として、またOBらの開く絵画展の名として残っている。有島は文芸雑誌『白樺』の美術運動を取り入れ、年一回の絵画展には岸田劉生、有島生馬、田辺至らの油彩画や、南薫造の水彩画、藤井浩祐の彫刻、あるときはロダン制作のブロンズ像、またゴッホ、セザンヌ、ゴーギャンという後期印象派の画家たちの複製画などを展示し、西洋美術の新思潮を積極的に紹介した。絵画展は道内での絵画運動を目覚めさせ、その後大きな影響を与えたという。

有島自身も印象派風の油彩画を描き同展に出品した。『生れ出づる悩み』の木田金次郎がその展覧会を見て、有島の名を知りひとり訪ねてきたのである。

そうした有島の美術啓蒙活動は学生だけにとどまらず、一般市民をも含めて幅広い美術愛好家を生み、北海道における近代絵画の先駆者として後進に大きな影響を与えた。

黒百合会OB会の幹部で、札幌在住の永喜多宗雄さんは次のように語った。

「黒百合会が誕生したのは、北海道ではまだ油絵の具を入手することが難しかった時代です。黒百合会の展覧会では、東京の中央画壇で活躍する第一線の画家の作品やフランスの印象派の絵画を会員の作品と並べて展示したのです。これは大きな刺激になりました。また生徒たちの作品も出展され、この展覧会が北海道画壇の登竜門ともなりました。今も札幌では年一回の展覧会は続いており、東京でもOBが中心になって、銀座のギャラリーを貸し切って開催しています」

北海道ニセコ町では「有島武郎青少年公募絵画展」を毎年主催しており、令和四（二〇二二）年で第三十四回を迎えている。

主催者は、「有島武郎は明治期の札幌において美術同好会『黒百合会』を結成し、北海道における近代絵画の先駆者として後進に大きな影響を与えた。本事業は、限りない創造性を内在した青少年に、広く創作発表の場を提供するとともに、有島の芸術振興の意思を継承することを目的としている」と記している。

有島の死が悔やまれるばかりだ。もう少し長生きしていれば、アーティスト・有島武郎は文学と絵画の〝二刀流作家〟として新潮流を生み出し、日本の近代芸術史のなかで燦然と輝いたに違いない。

軽井沢での再会

新渡戸稲造、内村鑑三、有島武郎の三人の晩年、軽井沢での再会はなかったろうか？

実は本書を執筆する前は、三人の軽井沢での運命的な再会を大きなテーマにしようと考えていた。

青春時代に札幌で出会い、葛藤し、輝かしく世にデビューした三人が、それぞれの志をもって大成し、晩年を迎えて再会し、果たして何を語り合ったのだろうか？　その舞台として浅間山の麓、清き高原に開けた軽井沢は格好の地ではないか——。

軽井沢に来たのは新渡戸が一番早く、明治三十八（一九〇五）年のことであった。有島は大正五（一九一六）年に父の別荘を譲り受けた。内村は大正十年、星野温泉で最初の夏を過ごした。

有島の情死は大正十二年。とすれば大正十年、大正十一年の二度の夏は三人が軽井沢でともに過ごしていた可能性が残っている。しかし、記録によれば、新渡戸は大正九年に国際連盟事務局次長に就任しており、内村とは入れ違いでジュネーブに赴任していた。とすれば三人がともに軽井沢で再会する機会はなかったか、と思われる。

新渡戸は大正七年、有島と軽井沢夏期大学で同じ教壇に立っていた。学長だった新渡戸が有島を講師として呼んだのだろう。有島は喜んで新渡戸の誘いを受けたことだろう。

星野温泉三代目・星野嘉政の著書『やまぼうし』によれば、若い嘉政は内村を新渡戸の別荘へ案内している。内村は長野県にはしばしば講演に出かけているから軽井沢に立ち寄ることはあったかもしれない。ただ嘉政と親しくなるのは別荘をもってからのことだから、新渡戸との交流は彼の帰国後のことになる。

ならば、内村と有島との再会は果たしてなかったのだろうか？

内村は有島の背教を許していない。しかし、心の奥底ではやがて戻ってくるだろうとの希望はもっていた。有島は札幌独立教会退会後、上京してからも角筈での内村の聖書研究会には顔を見せていたからだ。

有島は与謝野晶子に会いに星野温泉まで行っている。そのとき、内村は温泉旅館の目と鼻の先の離れの別荘にいたはずである。二人は星野温泉でニアミスしていたが、二人の日記、手紙からはその記録は見つからない。

これは私の想像だが、おそらく有島は内村がいるのを知りつつ避けたのではなかったか。有島にとって内村は農学校の先輩であり、キリスト教を導いた恩師であり、人生の教師でもあった。内村も有島の純情さ、人格を信頼し一番弟子として愛していた。金に困っていながらも、内村は有島がアメリカ留学中に自ら発行した『聖書之研究』などの雑誌を送っている。有島に後を継がせたいという思いがあったからだろう。

しかし、有島は背教した。背教者はもう元へは戻れない。有島の心も師に捨てられたことで痛んでいる。たえず二つの相反する心情に悩む有島はその苦しみから死を選び自らを解放しようとした。内村が言明したように、有島はそのとき、すでに神（キリスト教）に戦いを挑んでいたのだ。もし内村に会えば、その懐かしい瞳は有島の心をとらえ、快活な声は有島を鼓舞し、有島はふたたび愛される弟子に戻り、従順な使徒となり、苦しい演技を続けねばならない。

有島はあえて再会を避けたのだ。自らの純な感情を封印されることを良しとはしなかった。有島はホイットマンのように誰にも束縛されることなく、ひとりでわが人生を完結させようと思った。

三人三様の生きざま

内村が強固な樫であり、有島は風にそよぐ柳だと例えたが、新渡戸は桜であった。樫は最後まで根を太くし倒れなかったが、柳は強風に折れた。桜は花開いたが、満開になる前に散ってしまったのであった。

彼らの生きた明治から大正は戦争の時代であった。

内村は反戦を説き、新渡戸は平和を願うゆえにともに軍部には協調しなかった。その軍部が独走し、太平洋戦争に突入し、惨敗し、国民に多大な犠牲を負わせたことは歴史の真実だ。

一方、有島は芸術家として「個」の道を歩んだ。人道主義に立ち、自らが行った「農場解放」は敗戦後GHQが農業再生のために実施した農地解放の先駆けともなっている。

新渡戸稲造、内村鑑三、有島武郎の共通した意志は、百年も前、戦火の暗雲垂れ込める時代に人間の個を尊重する「リベラリズム」と国際平和の「グローバリズム」を見通していたことであった。

ambitionを今の時代に求めるのは難しいかもしれない。新しい国が立ち上がり、世界へ羽ばたこうとする時代はすでに終わっている。戦後復興、高度成長、バブル経済、沈黙の三十年が過ぎ去り、今の日本は停滞したままで動かない。

眼を世界に転じれば、各地で起こる戦争、飢餓と難民、地球規模の天災（地震、森林火災）、疫病（コロナ）の蔓延……。現代の世相は百年前、内村鑑三が予言した「世界の終末」を迎えるかのようだ。「最後の審判」が下され世界が終焉を迎える前に私たちがなすべきことはまだ残っているはずである。

今こそ、「北の星たち」の遺したambitionを見直すべき時なのである。

あとがき

物語は軽井沢からはじまった。

数年前、私は退職を機に群馬県浅間高原に山小屋をもち、以来毎夏通うようになった。軽井沢はその地域の拠点となる町で、東京からの行き帰り、地元での買い出し等に必ず立ち寄るところとなった。

軽井沢は明治以来、多くの文学者、小説家が別荘をもって暮らしていた。〝軽井沢文学〟というジャンルがあるほどである。有島武郎が軽井沢の別荘で情死したのは有名な話で、軽井沢が以来、ロマンチックな男女の出会いの場となったことは知られている。

ふとしたとき、〝新渡戸通り〟という地名があることを知った。かつてそこには新渡戸稲造の別荘があり、彼も夏の日々を軽井沢で過ごしていたのである。新渡戸稲造は札幌農学校の出身で、アメリカ留学を終えて母校の教授をしていたときに有島武郎は入学した。有島は新渡戸の教え子であり、二人は生涯にわたり子弟の関係を続けた。

一方、内村鑑三ゆかりの「石の教会」を見つけたときは、大げさだが運命の出会いか、と目を疑ったほどだった。内村鑑三と新渡戸稲造は東京英語学校からの学友で、ともに札幌農学校で学び、生涯の友人だったからだ。

実は私は北海道大学の出身で、新渡戸稲造、内村鑑三、有島武郎は〝北大三傑〟と呼ばれる存在で、はるかなわが先輩たちなのであった。三人は札幌で青春の日々を送り、晩年を軽井沢で過ごした。札幌と軽井沢はともに明治期の新興開拓地であり、豊かな自然が息づくところである。清らかな魂のもちぬしだった三人には札幌と軽井沢はいかにも似つかわしいところに思われた。

札幌農学校は「Boys, be ambitious」の名言で知られるクラーク博士が初代教頭だった学校である。三人はクラークの〝大志〟を受け継いだ。

新渡戸稲造は「太平洋の橋たらん」と日米の友好、また国際連盟の事務局次長として世界平和のために働き、内村鑑三はキリスト教徒となり、無教会派という独自の世界を打ち出し、近代日本人の思想、哲学を培《つちか》った。二人を師とした有島武郎は白樺派の作家として理想社会をめざし、弱者に寄り添った作品を数多く世に残した。

彼らに共通するのはヒューマニズム（人道主義）であり、リベラリズム（自由主義）であった。ともに留学したアメリカ東部ニューイングランドの清教徒精神を受け継いだことも共通している。

果たして三人は人生の終わりに、清き森の軽井沢で何を語り合ったのだろうか——。

それが本書を書こうとした動機であった。

彼らが生きた明治、大正、昭和初期という時代は戦争の時代だった。

戊辰戦争、西南戦争、日清戦争、日露戦争、第一次世界大戦と十年刻みに戦争は起き、世は皇国神道のもと軍国主義一色に染まっていった。薩長土肥中心の藩閥政府は列強に倣えとばかり大国主義に走り、〝五族協和〟の美名のもとに軍隊は大陸へ侵攻した。そうした迫りくるファシズムのなかでも権力になびかず、時流におもねることなく、戦争に反対し、軍部批判を行った内村や新渡戸、またか弱き人間の魂を表現した有島は再評価されるべきではないか、と思った。

戦後に生まれた私たち団塊世代はＧＨＱ（連合国軍総司令部）からデモクラシーとリベラリズムをもらった。徴兵令から解放され、男女平等のなかに育ち、選挙権をもち、言論、集会も自由となった。第二次世界大戦という無謀な戦いと報われなかった多大な死者たちの犠牲と引き換えに、私たちは民主主義を得たのである。

ところが私たちがこの民主主義、自由思想を理解し、本当に世界、社会と向き合ってきたか、というと心もとない。

団塊世代の私たちが現実社会と向き合ったのは、七〇年安保を前にした学園紛争だけだったのではなかったか。以後は高度成長の上昇気流の渦中で〝企業戦士〟となり、家族を犠牲にして企業のために懸命に奉仕した。やがてバブル経済がはじけ臍《ほぞ》を噛み、さらなるグローバルスタンダードなる国際化、ＩＴ化の波には乗れず、ついにはリストラされ、定年後は細々と健康維持のための散歩に励み、ただただ死を待っているだけである。

おのれは一体何のために生を受け、半世紀以上もの長い生涯、社会のために何をしてきたのか、と問われれば、口をつむぐばかりだ。結局、戦後民主主義の中には育ったが「リベラリズム」は身につかず、権力（政府）、資本家の言いなりとなり「働き蜂」となってきただけではなかったか……。

終わりの見えない戦争が続き、疫病（コロナ）が蔓延し、地球の温暖化は止むことはなく、自然災害（地震、洪水）が続出している。明治の時代も疫病（コレラ）、肺病、天然痘などの病魔が蔓延し、三陸大津波などの災害に見舞われた。現代はそんな明治時代と酷似している。加えて人口減少、高齢化、地方の過疎化、階級差別化等々、現代日本はかずかずの課題を背負っている。

こうした低迷する時代だからこそ、もう一度彼らのambition（大志）を振り返ってみたい。

しかし「北の星たち」の大志は成就することなく、クラークは鉱山事業に失敗し、新渡戸の「架け橋」は崩落した。内村は背教者が続出し、有島は情死した。ambitionはいずれもはかなく消えている。

高邁なる志（lofty ambition）は彼らの存命中は果たされなかったが、その遺志は今なお脈々と引き継がれていることを本書は伝えておきたかった。

私たち団塊世代はもはや老兵として去るしかないが、若い世代の人々にはこの国の在り方、人間の生き方を改めて考えて進んで欲しい。世の邪悪が巣くうパンドラの箱の底には、ただ一つ、「希望」が残されていたではなかったか……。


本書執筆に当たっては多くの方々の協力を得た。

とりわけ（一般財団法人）新渡戸基金の藤井茂さん、北大ＯＢの松井博和さん、松沢幸一さん、上野徹さん、また助言をいただいた畏友の松波好さん、上野幸隆さん。最後に編集作業の総仕上げをしていただいた白水社ＯＢの和氣元さん、フリー編集者の西妙子さんに厚く感謝する次第である。

二〇二四年七月　暮れゆく湘南の海を見ながら

芦原　伸

関連年表

万延二（一八六一）年	内村、上州高崎藩士内村宜之の長男として江戸に生まれる。	
文久二（一八六二）年	新渡戸、盛岡藩で当時、勘定奉行であった新渡戸十次郎の三男として生まれる。幼名稲之助。	
明治元（一八六八）年		明治維新　神仏分離令。
明治二（一八六九）年		版籍奉還。
明治四（一八七一）年	新渡戸、兄の道郎とともに上京。叔父の太田時敏の養子となる。	廃藩置県。岩倉具視ら欧米派遣。
明治五（一八七二）年		太陽暦の採用。新橋―横浜、鉄道開通。福沢諭吉「学問ノススメ」
明治六（一八七三）年	新渡戸、東京外国語学校（のちの東京英語学校、大学予備門）に入学。内村、東京の有馬私学校入学。	キリスト教解禁。
明治七（一八七四）年	内村、東京外国語学校入学。	
明治九（一八七六）年	ウィリアム・S・クラーク、札幌へ。	
明治十（一八七七）年	新渡戸、内村、札幌農学校に第二期生として入学。「イエスを信ずる者の誓約」に署名。	西南の役、起こる。英領インド帝国成立。欧化主義議論盛んになる。
明治十一（一八七八）年	有島武郎、東京・小石川（現・文京区水道）に旧薩	大久保利通、暗殺される。

	摩藩郷士で大蔵官僚、実業家の有島武の長男として生まれる。母は幸。	イザベラ・バード来日。
明治十四（一八八一）年	内村、首席で札幌農学校卒業、卒業演説「漁業モ亦学術ノ一ナリ」 内村、新渡戸、開拓使御用掛となる。	国会開設、自由党成立。翌年立憲改進党成る。
明治十五（一八八二）年	新渡戸、十一月札幌農学校予科教授となる。 札幌バンド（大島、内村、新渡戸など）が札幌独立教会設立。	北海道開拓使廃止
明治十七（一八八四）年	有島、横浜に移住。横浜英和女学校（現・青山学院横浜英和小学校）に通う。 新渡戸、渡米して米ジョンズ・ホプキンズ大学に入学。	鹿鳴館の仮装舞踏会。
明治十八（一八八五）年	内村、三月浅田たけと結婚、十一月渡米。 内村、エルウィン白痴院にて看護人として働く。新島襄の紹介によりマサチューセッツ州アマースト大学に入る。	
明治十九（一八八六）年	新渡戸、クエーカー派、モリス家での茶会でメアリーと出逢う。 内村、学長シーリーの人格と信仰の影響を受けて、キリストの贖罪の信仰を得る。	
明治二十（一八八七）年	新渡戸、札幌農学校助教授に。官費留学でドイツへ留学。ボン大学で農政、農業経済学を研究。 内村、アマースト大学卒業。ハートフォード神学校入学。	

明治二十一（一八八八）年	有島、九歳で学習院予備科に入学し、寄宿生として過ごす。 内村（二十七歳）、ハートフォード神学校を退学し、帰国する。新潟の北越学館に赴任。十二月に宣教師らと衝突して、辞職。	
明治二十二（一八八九）年	新渡戸、ジョンズ・ホプキンズ大学より名誉文学士号授与される。長兄七郎没のため新渡戸姓に復帰。 内村、東洋英和学校、東京水産伝習所の教師となる。七月、横浜かずと結婚。	大日本帝国憲法の発布。
明治二十三（一八九〇）年	内村、九月第一高等中学校嘱託教員になる。	ラフカディオ・ハーン来日。
明治二十四（一八九一）年	内村（三十歳）、一月九日、不敬事件。四月妻かずが病死。 新渡戸（二十九歳）、米国人メアリー・エルキントン（日本名萬里）と結婚。帰国し、札幌農学校教授となる。	
明治二十五（一八九二）年	内村、大阪の泰西学館に赴任。十二月、岡田しづと結婚。	
明治二十六（一八九三）年	内村、著作活動を始める。処女作は『基督信徒のなぐさめ』。同書で「無教会」という言葉を初めて使う。大阪泰西学館を辞し、熊本英学校赴任。八月辞任して京都に住む。	
明治二十七（一八九四）年	新渡戸（三十二歳）、札幌に遠友夜学校を設立。	日清戦争。
明治二十九（一八九六）年	有島、十九歳で学習院中等科を卒業する。その後、札幌農学校に入学。	

明治三十（一八九七）年	新渡戸、札幌農学校を退官。群馬県で静養中『農業本論』を出版。 内村、萬朝報の英文欄主筆になる。	
明治三十一（一八九九）年	新渡戸、病気療養のため渡米。	
明治三十三（一九〇〇）年	新渡戸、英文『武士道』(BUSHIDO: The Soul of Japan) 初版出版。	北清事変（義和団事件）。
明治三十四（一九〇一）年	新渡戸、台湾総督府民政部殖産局長心得就任。ヨーロッパ視察。パリ万国博覧会の審査員を務める。 内村、「無教会」を創刊。黒岩涙香、幸徳秋水、堺利彦らと「理想団」を作り、社会改良運動を行う。 九月、穂高・研成義塾で三日間の講演を行う。 有島、森本厚吉の影響からキリスト教に入信する。農学校卒業後に軍隊生活を送る。	
明治三十五（一九〇二）年	内村、角筈聖書研究会を自宅で始める。	
明治三十六（一九〇三）年	内村、日露非開戦論、戦争絶対廃止論を「萬朝報」「聖書之研究」に発表。萬朝報が右傾化し、萬朝報客員を辞す。 新渡戸、京都帝国大学法科大学教授を兼ねる。 有島（二十五歳）、八月、横浜から渡米。米国ではハヴァフォード大学大学院、さらにハーバード大学院に学ぶ。	
明治三十七（一九〇四）年		日露戦争。
明治三十八（一九〇五）年	新渡戸（四十三歳）、メアリー夫人と軽井沢を訪れのちに別荘をもつ。	

明治三十九（一九〇六）年	新渡戸、第一高等学校校長に就任。東京帝国大学農科大学教授兼任。	鉄道国有法・京釜鉄道買収。
明治四十（一九〇七）年	内村、四月、父宜之が死去。十一月、角筈より柏木に移転。 有島（二十九歳）、四月に帰国。このころ信仰への疑問をもち、キリスト教から離れる。東北帝国大学農科大学の英語講師となる。	
明治四十二（一九〇九）年	新渡戸、「実業之日本社」編集顧問となる。 有島、東京にて陸軍少将の神尾光臣の次女神尾安子と結婚。	伊藤博文、ハルビンにて射殺される。
明治四十三（一九一〇）年	有島、五月、札幌独立教会を退会。 有島、志賀直哉、武者小路実篤らと出会い、同人誌「白樺」に参加。白樺派の中心人物の一人として小説や評論で活躍する。	大逆事件（幸徳秋水処刑される）。韓国併合。
明治四十四（一九一一）年	有島、札幌で教職を務めていたとき、長男行光誕生（のちの俳優の森雅之）。	
明治四十五（一九一二）年	内村、長女ルツが一月死去。ルツの死を通して復活信仰を得る。	明治天皇崩御。乃木希典夫妻自決。
大正三（一九一四）年	有島、妻安子肺炎のため農科大学を辞し、鎌倉へ。	第一次世界大戦。
大正五（一九一六）年	新渡戸、植民貿易語学校校長に就任。 有島、妻安子、父を亡くす。本格的に作家生活に入る。	
大正六（一九一七）年	新渡戸、拓殖大学学監に就任。 有島、『カインの末裔』『惜みなく愛は奪う』『迷路』	ロシア二月革命、十月革命。

	を書く。	
大正七（一九一八）年	新渡戸、東京女子大学初代学長に就任。後藤新平と「軽井沢夏季大学」を開く。 内村、中田重治、木村清松らと共に、再臨運動を始める。	シベリア出兵。
大正八（一九一九）年	有島、『或る女』を発表。	
大正九（一九二〇）年	新渡戸、国際連盟事務次長に就任。	日本、国際連盟に正式加入。常任理事国となる。
大正十（一九二一）年	内村、軽井沢星野温泉で開催された芸術自由教育講習会に講師として参加。以後星野温泉に死去するまで滞在。 有島、創作力に衰えが見え始め『星座』を途中で筆を絶つ。	
大正十一（一九二二）年	有島『宣言一つ』を発表。北海道狩太村（現ニセコ町）の有島農場を解放する。	ソヴィエト社会主義共和国連邦成立。
大正十二（一九二三）年	有島、六月「婦人公論」記者、波多野秋子と軽井沢の別荘（浄月庵）で縊死を遂げる。	関東大震災。
大正十四（一九二五）年	新渡戸、帝国学士院会員に任命される。	
大正十五（一九二六）年	新渡戸、国際連盟事務次長を退任。十二月七日、貴族院勅選議員に任命（〜昭和八年十月十六日）	
昭和三（一九二八）年	新渡戸、女子経済専門学校（のち新渡戸文化短期大学）の初代校長に就任。	張作霖爆死事件。
昭和四（一九二九）年	新渡戸、太平洋問題調査会理事長に就任。拓殖大学名誉教授に就任。	ニューヨーク株暴落。世界恐慌起こる。

昭和五（一九三〇）年	内村、三月二十八日死去、遺言により「聖書之研究」は三五七号をもって終刊、内村鑑三聖書研究会解散。	
昭和六（一九三一）年	新渡戸、第四回太平洋会議に出席（上海）。	満州事変。
昭和七（一九三二）年	新渡戸、松山事件。アメリカに講演旅行。	
昭和八（一九三三）年	新渡戸、カナダ・バンフにて開催の第五回太平洋会議に出席。帰路ヴィクトリア市にて客死。	

参考文献

『新渡戸稲造』（松隈俊子／みすず書房／一九六九年）
『新渡戸稲造』（札幌教育委員会／北海道新聞社／一九八五年）
『新渡戸稲造ものがたり』（柴崎由紀／銀の鈴社／二〇一二年）
『新渡戸稲造はなぜ「武士道」を書いたのか』（草原克豪／PHP新書／二〇一七年）
『森本厚吉　新渡戸稲造の愛弟子』（藤井茂／盛岡タイムス社／一九九六年）
『世界史の叡智』（本村凌二／中公新書／二〇一三年）
『余の尊敬する人物』（矢内原忠雄／岩波文庫／一九四〇年）
『明治・父・アメリカ』（星新一／新潮文庫／一九七八年）
『後藤新平　日本の羅針盤となった男』（山岡淳一郎／草思社文庫／二〇一四年）
『思い出の遠友夜学校』（札幌遠友夜学校創立百年記念事業会／北海道新聞社／二〇〇六年）
『内村鑑三　悲しみの使徒』（若松英輔／岩波書店／二〇一八年）
『内村鑑三伝』（政池仁／三一書房／一九五三年）
『晩年の父　内村鑑三』（内村美代子／教文館／一九八五年）
『内村鑑三の人と思想』（鈴木範久／岩波書店／二〇一二年）
『やまぼうし』（星野嘉助／星野温泉／一九七二年）
『有島武郎』（亀井俊介／ミネルヴァ書房／二〇一三年）
『晩年の有島武郎』（渡邊凱一／渡辺出版／一九七八年）
『悲劇の知識人　有島武郎』（安川定男／新典社／一九八三年）
『有島武郎をめぐる物語』（杉淵洋一／青弓社／二〇二〇年）

『有島武郎　地人論の最果てへ』（荒木優太／岩波新書／二〇二〇年）
『有島武郎』（福田清人・高原二郎／清水書院／二〇一八年）
『有島武郎の札幌の家』（前川公美夫／星座の会／一九八七年）
『父有島武郎と私』（神尾行三／右文社／一九九七年）
『夢のかけ橋』（永畑道子／新評論／一九八五年）
『相馬黒光　黙移』（相馬黒光／日本図書センター／一九九七年）
『クラークその栄光と挫折』（ジョン・エム・マキ、高久真一訳／北大図書刊行会／一九七八年）
『クラーク先生とその弟子たち』（大島正建／教文館／一九九三年）
『クラーク先生詳伝』（逢坂信忢／丸善／一九五六年）
『クラークの手紙』（佐藤昌介・内田瀞／北海道出版企画センター／一九八六年）
『クラークの一年』（太田雄三／昭和堂／一九七九年）
『札幌農学校とキリスト教』（大山綱夫／ＥＤＩＴＥＸ／二〇一二年）
『北大歴史散歩』（岩沢建蔵／北海道大学図書刊行会／一九八六年）
『佐藤昌介』（中島九郎／川崎書店新社／一九五六年）
『日本のオールターナティブ』（藤田正一／銀の鈴社／二〇一三年）
『北大の父佐藤昌介　北の大地に魅せられた男』（藤井茂／岩手日日新聞社／二〇〇六年）
『札幌農学校』（蛯名賢造／札幌農学校復刻刊行会／二〇一一年）
『北海道を開拓したアメリカ人』（藤田文子／新潮選書／一九九三年）
『ニューイングランド物語』（加藤恭子／日本放送出版協会／一九九六年）
『北海道と明治維新』（田中彰／北海道大学図書刊行会／二〇〇〇年）
『軽井沢物語』（宮原安春／講談社／一九九一年）
『火の山の物語　わが回想の軽井沢』（中村真一郎／筑摩書房／一九八八年）
『軽井沢別荘地開発史』（岡村八寿子／牧歌舎／二〇一八年）

著者略歴

一九四六年生まれ、名古屋育ち。北海道大学文学部卒。ノンフィクション作家、紀行作家。日本旅行作家協会、日本文藝家協会会員。

主な著作

『旅は終わらない～紀行作家という人生』(毎日新聞出版)、『世界食味紀行』(平凡社新書)、『ラストカムイ』(白水社)、『へるん先生の汽車旅行』(集英社)、『被災鉄道～復興への道』(講談社)、『地球鱒釣り紀行』(新潮社)、『シルクロード鉄道見聞録』(講談社)、『ロシア、一九九一、夏』(角川学芸出版)、他多数。近著に『草軽電鉄物語』(信濃毎日新聞社)、『辺境、風の旅人』(産業編集センター)

北の星たち
新渡戸稲造、内村鑑三、有島武郎

二〇二四年九月 五 日 印刷
二〇二四年九月三〇日 発行

著　者 © 芦　原　　伸
発行者 岩　堀　雅　己
印刷所 株式会社 三　秀　舎
発行所 株式会社 白　水　社

東京都千代田区神田小川町三の二四
電話 営業部〇三(三二九一)七八一一
　　 編集部〇三(三二九一)七八二一
振替 〇〇一九〇―五―三三二二八
郵便番号 一〇一―〇〇五二
www.hakusuisha.co.jp

乱丁・落丁本は、送料小社負担にてお取り替えいたします。

株式会社松岳社

ISBN978-4-560-09130-2
Printed in Japan